初都　别都　北都

晋阳古城考古博物馆基本陈列

太原市文物局　编

文物出版社

图书在版编目（CIP）数据

初都　别都　北都：晋阳古城考古博物馆基本陈列 /
太原市文物局编. —— 北京：文物出版社，2023.12
　　ISBN 978-7-5010-8273-5

　　Ⅰ.①初… Ⅱ.①太… Ⅲ.①博物馆—陈列设计—太
原—图录 Ⅳ.①G265-64

　　中国国家版本馆CIP数据核字(2023)第227900号

　　审图号：晋S（2023）017号

初都　别都　北都
晋阳古城考古博物馆基本陈列

编　　者：太原市文物局

责任编辑：陈　峰　周　成
责任印制：王　芳
装帧设计：吕晓辉

出版发行：文物出版社
地　　址：北京市东城区东直门内北小街2号楼
邮　　编：100007
网　　址：http://www.wenwu.com
经　　销：新华书店
印　　刷：北京荣宝艺品印刷有限公司
开　　本：965mm×1270mm　1/16
印　　张：16.25
版　　次：2023年12月第1版
印　　次：2023年12月第1次印刷
书　　号：ISBN 978-7-5010-8273-5
定　　价：688.00元

编 委 会

主 任

刘玉伟

副 主 任

秦建军　任红敏　冀美俊　杜文鹏　曹维明　吴春明　谷立新　李效忠　高建东

成 员

陈雅彬　冯治平　张　浩　张文娟　蔡永波　郝俊生　刘韶磊　刘艳春　李梦涛

主 编

刘玉伟　曹维明

学术主编

常一民　裴静蓉

执行主编

冀美俊　冯　钢

副 主 编

陈雅彬　张　浩　张文娟　梁晓宇　苑　杰　龙　真　刘　俊　檀志慧

编 委

冀瑞宝　彭娟英　刘伟伟　王　鑫　白宇峰　陈凯瑜　刘婧奕　卢　超
杨淼燃　史辰宇　申如梦　姬凌飞　丁志姣　唐　洁　张　爱

序

习近平总书记指出，城市是一个民族文化和情感记忆的载体，历史文化是城市的灵魂，是城市魅力之关键。再现"锦绣太原城"的盛景，是习近平总书记对太原市高质量发展提出的殷切期望。太原是一座拥有 2500 余年建城史的国家历史文化名城。"锦绣太原城"从哪里来，要到哪里去，这是我们太原必须明晰的历史命题。深埋于地下 1000 余年的晋阳古城，在岁月的侵蚀中静静地诉说着锦绣太原的前世峥嵘，发掘好、保护好、整理好、阐释好她留给我们的历史信息，是我们探究这一命题的源泉之所在，也是我们坚定城市自信自强、再现"锦绣太原城"盛景的精神动力。

晋阳是中国古代北方军事、文化重镇，曾为赵国初都、北齐别都、唐代北都、北汉都城，享有"龙城"美誉，为天下名州——并州治所，宋代词人沈唐赞曰"名都自古并州"。在 6 到 10 世纪的中国，如果说哪座城市的存亡、得失，关乎一个国家、一个朝代的存亡、得失，那一定是晋阳城。前 497 年，晋阳肇建，一座初具规模的金城汤池巍然耸立。自此，晋阳城以其坚韧、雄浑、汇通、融合的姿态，昂立于史册 1476 年，在中华民族多元一体发展进程中发挥了举足轻重的作用。

春秋末年，"晋阳之战"打响了中国战争史上的封建兼并战，导致韩、赵、魏"三家分晋"，成就赵国百年基业，拉开了"战国七雄"并立的时代帷幕。

西汉初年，在晋阳城生活十七年的代王刘恒入主朝政，据其治代经验，在全国推行"黄老之治"，成就了中国历史第一大盛世"文景之治"，晋阳首次成为龙兴之地。太原东山西汉代王墓为我国汉代大型诸侯王墓，汉代崇尚"事死如事生"，相信该墓的发掘成果将不亚于海昏侯墓。

北朝时代，作为东魏霸府、北齐别都的晋阳，时称"金城汤池、天府之国"，可谓是一座关乎全局的国际化大都市，在政治、军事、经济、文化以及民族融合等方面的积淀，对隋唐盛世产生了巨大的影响。天龙山石窟、童子寺大佛、蒙山大佛等在这一时期雕造。20 世纪后半叶陆续出土的娄睿墓、徐显秀墓、韩祖念墓、虞弘墓等北齐隋代墓葬，其文物之精美，研究价值之高，举世瞩目。

617 年，李渊父子起兵晋阳，攻入长安，开启强盛大唐，成就了中国历史第二大盛世"贞观之治"。晋阳再次成为龙兴之地，被设为北都。晋阳城的建设规模也达到了鼎盛：东

西十二里，南北八里二百三十二步，周回四十二里。晋阳宫城、大明宫城、仓城三座城呈
"品"字形分布。城内采用里坊布局，河渠纵横，绿树成荫。唐代诗人欧阳詹有诗云："并州
汾上阁，登临似吴闻。贯郭河通路，绕村水逼乡。城槐临枉渚，巷市接飞梁。莫论江湖思，
南人正断肠。"天龙山唐代石窟、太山龙泉寺舍利宝函等，都是这一历史辉煌的见证。

979 年，宋太宗下令焚毁晋阳城，次年又引汾水、晋水漫灌，使之彻底损毁，无法重
建。"晋阳"从此淡出历史舞台。

一方水土养一方人。自古以来，中国有一条东北至西南走向的农牧分界线，晋阳正处在
这一分界线之上。独特的自然地理环境，造就了晋阳人既有敦厚不华、勤俭好学的农耕民族
特性，又兼具游牧民族粗犷豪放、刚烈尚武的风俗习尚。晋阳城虽然已经灰飞烟灭，但是生
活在这片热土上的晋阳人，却以他们的勤劳智慧、英勇果敢、开放包容，为我们留下了深刻
的历史记忆，留下了他们的铁骨柔情。

名冠三晋的一代侠士豫让，为报知伯知遇之恩，改名易姓、吞炭为哑、漆身为厉，屡次
刺杀赵襄子不遂，再次行刺时被赵襄子发现，请求割其袍以报知伯，后伏剑自刎。他的忠贞
不渝、知恩图报、舍生取义，感动了一代代志士仁人。"士为知己者死""以国士遇臣，臣故
国士报之"，也成为千古传诵的警句箴言。

正如《隋书·地理志》所述："太原山川重复，实一都之会，人性劲悍，习于戎马。故
自古言勇侠者，皆推幽、并。"大诗人李白《少年行》诗云："经过燕太子，结讬并州儿。少
年负壮气，奋烈自有时。"又如李颀《塞下曲》："少年学骑射，勇冠并州儿。"王昌龄《塞
下曲》："从来幽并客，皆共尘沙老。""并州儿""幽并少年""幽并客"，几乎成了豪侠尚
义、勇武雄迈的代名词。

英雄不是个例。在晋阳城下，历史上发生过多次保卫战，每一次都是慷慨激越，悲壮惨
烈。春秋末年晋阳之战，城中"悬釜而炊，易子而食"；宋初赵光义攻晋阳，"薛王出降民
不降，屋瓦乱飞如箭镞"；宋末张孝纯守太原，城中军民因困饿而死者十之八九，最后只好
杀老弱充饥，燃骨充炊，战士们已是"倚壁瞪目，不能步走"。晋阳人民面对强敌，顽强不
屈、殊死抗争的坚贞品格，在中国战争史上留下了浓墨重彩的一笔。

晋阳人，不止英勇。大诗人李白在《秋日于太原南栅饯阳曲王赞等公子应举赴上都序》

中写道："天王三京，北都居一。其风俗远，盖陶唐氏之人软？襟四塞之要冲，控五原之都邑。雄藩剧镇，非贤莫居。"北都晋阳地位显赫，生活着许多贤哲达人。大唐名相狄仁杰，新旧唐书都有大篇幅传记，范仲淹书《唐狄梁公碑》，唐人高适有诗《狄梁公仁杰》："梁公乃贞固，勋烈垂竹帛。昌言太后朝，潜运储君策。待贤开相府，共理登方伯。至今青云人，犹是门下客。"晋阳历史上还出了王勃、王翰、王昌龄、白居易、温庭筠等诸多享誉中外的文化名人。

晋阳人独具匠心，开放包容。龙山童子寺有目前所见中国最早的佛阁建筑遗址。蒙山大佛是目前世界上有确切纪年、开凿年代最早、体态最大的巨型摩崖石刻大佛。天龙山石窟承东魏、北齐之余韵，开盛唐丰腴健美之新风，是佛教石窟逐渐中国本土化的典型实例，反映着南北朝至隋唐时期中国石窟艺术的卓越成就。晋祠博物馆藏《华严石经》乃唐译《八十华严》传世最古老的石刻祖本。刚刚开放的太原北齐壁画博物馆，再现了北朝时期的生活图景与社会风貌，映射了北朝时期"古丝绸之路"上多民族交流融合、东西方聚同化异的时代风华。

晋阳城毁灭两年后，并州知州符昭愿在晋阳城北 25 公里的唐明镇，建成太原府城，太原浴火而生。宋金元时期，太原为河东区域中心，经济繁荣，因此留下"花花正定府，锦绣太原城"的民谚。晋祠圣母殿、献殿、清徐文庙、龙山道教石窟群都是这一时期的杰作。

明嘉靖年间，设"九边重镇"，太原镇处于中心地位。此时的太原城，雄伟壮丽，明代史学家、独霸文坛二十年的侍郎王世贞面对太原城池，惊叹道："太原城甚壮丽，二十五睥睨作一楼，神京所不如也。"清康熙《阳曲县志》载称："崇墉雉堞，壮丽甲天下，昔人有'锦绣太原'之称。"太原纯阳宫、崇善寺、永祚双塔记录了此时的璀璨光芒。

一个地域、一种文化、一种精神品格。习近平总书记指出，"文化自信是一个国家、一个民族发展中更基本、更深沉、更持久的力量"。地域文化是文化自信的基石，是一个城市永续发展的精神力量。

认识历史之厚重，感知文化之精神，离不开考古学。近年来，随着晋阳古城遗址考古发掘工作的不断深入，一些不同类型、功能各异的建筑基址、道路、水系等遗存不断被发现，一批批门类丰富、造型精美、具有典型时代特征的建筑构件、生活器物、碑刻、造像出土问世，晋阳与太原古今对话、文脉勾连，不仅回答着"锦绣太原城"从哪里来，也引领着我们去思考向何处去。

习近平总书记始终关注关心山西和太原发展，党的十八大以来四次莅临山西考察、两次深入太原调研，殷殷嘱托我们要再现"锦绣太原城"盛景，充分体现了党的领袖对太原这座历史文化名城、英雄城市、老工业基地的巨大关怀和深情厚望。中国共产党山西省第十二次代表大会提出，建设太原国家区域中心城市。太原建设国家区域中心城市是践行习近平总书记殷殷嘱托，贯彻党中央及省委部署要求，不断提升太原在全省的首位度和在全国的影响力，更好发挥引领带动作用的必然要求和现实需要，事关全局、事关长远，是未来一段时间我们必须全力以赴抓好的重大战略任务。中共太原市委十二届五次全会提出，要坚持"五个统筹"基本原则，锚定"六地"发展定位，努力把太原建成高质量发展、高水平开放、高效能治理、高品质生活的国家区域中心城市，全面再现"锦绣太原城"盛景。

"在五千多年中华文明深厚基础上开辟和发展中国特色社会主义，把马克思主义基本原理同中国具体实际、同中华优秀传统文化相结合是必由之路。这是我们在探索中国特色社会主义道路中得出的规律性的认识，是我们取得成功的最大法宝。"习近平总书记在文化传承发展座谈会上的重要讲话告诉我们，只有全面地了解历史，坚持"两个结合"，才能更有效地推动中华优秀传统创造性转化、创新性发展，才能更有力地推动发展建设。

文物承载灿烂文明，传承历史文化，维系民族精神，是不可再生、不可替代的宝贵资源。太原市坚持"两个结合"，以再现"锦绣太原城"盛景为目标，将文物保护利用、价值阐释弘扬作为坚定文化自信、推动城市高质量发展的源泉动力，全力加强文物保护利用和文化遗产保护传承。2023 年 6 月 13 日，山西省委常委、太原市委书记韦韬考察调研晋阳古城遗址时指出，要坚持把保护放在第一位，以对历史负责、对人民负责的精神做好古城遗址保护利用和研究展示，积极推进国家考古遗址公园建设，做到在保护中发展、在发展中保护。2023 年 6 月 21 日，太原市委召开书记专题会议，听取晋阳古城考古博物馆及遗址公园建设初步设计；再次深化晋阳古城遗址保护、研究、展示对太原高质量发展价值意义的认识；全面启动两项建设，要求相关部门、县区高点站位，引进国内一流团队设计实施，齐心协力推进工程落地见效。

太原市文物系统坚持考古为基、学术为本，以保护文物、研究历史、传承文化为己任，不断为坚持"两个结合"提供历史支撑和精神滋养。重点任务是重视文化、研究历史、守护好老祖宗留给我们的文物遗产，把历史研究引向深入，推动全市人民增强历史自觉自省、坚定文化自信自强。而保护晋阳古城遗址，建设考古博物馆和国家考古遗址公园，研究、阐释、传播她留给我们的历史信息、发展理念、精神品格和时代价值，就是要更加完整准确地讲述锦绣太原的前世今生，从中汲取优秀的思想文化精髓，寻找高质量发展的源头活水，为太原建设国家区域中心城市、再现"锦绣太原城"盛景积蓄力量。

晋阳古城考古博物馆开馆在即，《初都　别都　北都——晋阳古城考古博物馆基本陈列》付梓，是以为序。期待晋阳的蜕变与重生！祝福太原的明天更美好！

太原市文物局党组书记、局长

刘玉伟

2023 年 12 月

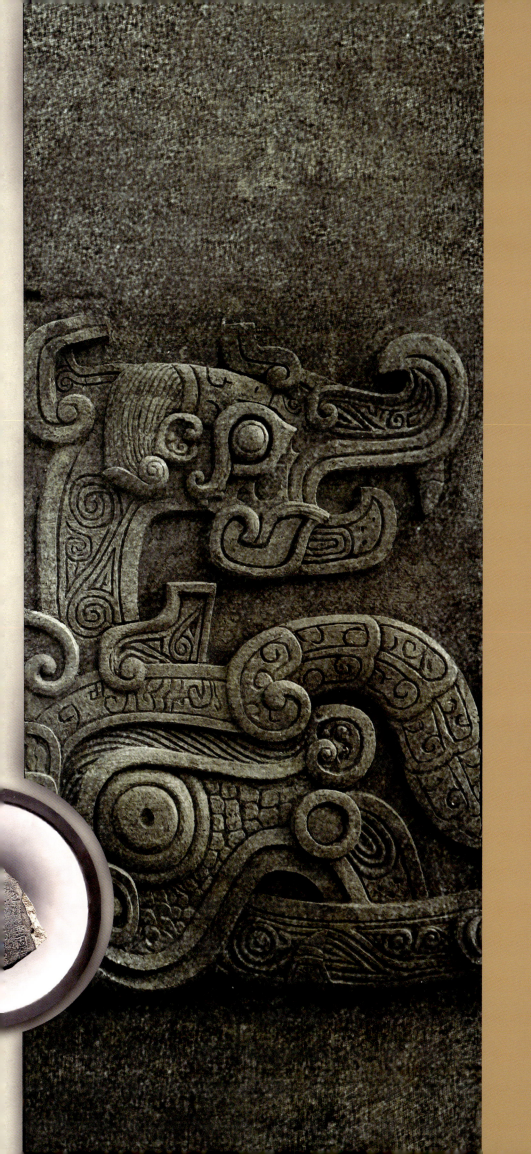

晋阳雄異

　　序厅以城门为造型，寓意着穿越晋阳1500年的时空、探寻城市文明之源。展览标题"晋阳雄異"，文字来源于晋阳古城二号建筑基址出土碑刻："晋阳"与博物馆主题相呼应、"雄異"代表杰出卓異，"晋阳雄異"则寓意着晋阳古城的卓越不凡以及在我国历史中的独特作用。

晋阳古城历史沿革

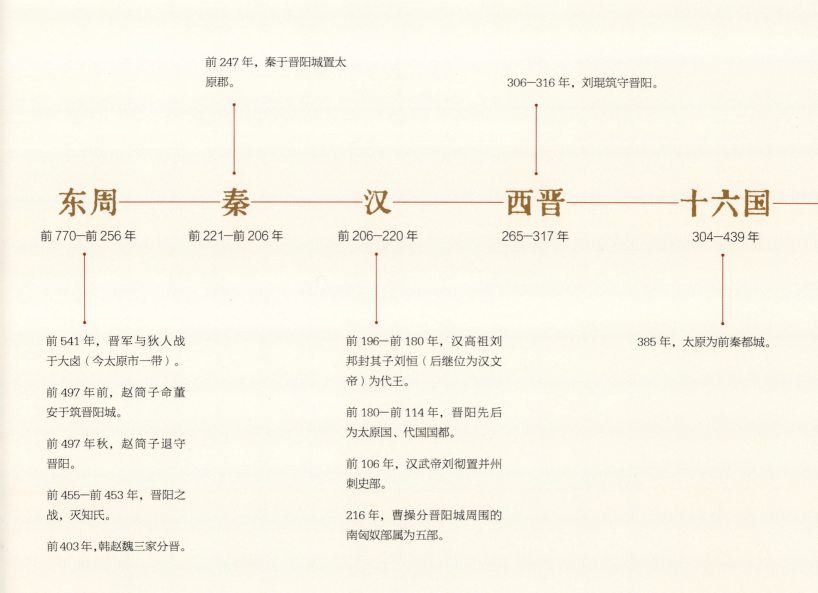

前 247 年，秦于晋阳城置太原郡。

306—316 年，刘琨筑守晋阳。

东周——**秦**——**汉**——**西晋**——**十六国**——

前 770—前 256 年　　　前 221—前 206 年　　　前 206—220 年　　　265—317 年　　　304—439 年

前 541 年，晋军与狄人战于大卤（今太原市一带）。

前 497 年前，赵简子命董安于筑晋阳城。

前 497 年秋，赵简子退守晋阳。

前 455—前 453 年，晋阳之战，灭知氏。

前 403 年，韩赵魏三家分晋。

前 196—前 180 年，汉高祖刘邦封其子刘恒（后继位为汉文帝）为代王。

前 180—前 114 年，晋阳先后为太原国、代国国都。

前 106 年，汉武帝刘彻置并州刺史部。

216 年，曹操分晋阳城周围的南匈奴部属为五部。

385 年，太原为前秦都城。

618 年，唐高祖李渊建立唐朝。

633 年，唐太宗李世民封其子晋王李治（后继位为唐高宗）为并州大都督，李勣（徐懋功）为并州大都督府长史。

646 年，唐太宗巡幸太原，御制御书《晋祠之铭并序》。

692 年，武则天置北都于太原。

705 年，唐中宗李显废置北都，重称并州。

723 年，唐玄宗李隆基再置北都于太原。

742 年，唐玄宗改北都为北京。

532 年，高欢于晋阳建大丞相府，执掌军国政务。

757 年，李光弼在太原大胜"安史叛军"，成为平定"安史之乱"的重要转折点。

550—577 年，北齐建立，以晋阳为别都，建晋阳宫、大明宫、天龙山离宫、十二院、西山大佛佛阁、龙山童子寺等建筑。

761 年，唐肃宗李亨停用北京之号，次年复置北都，至唐末不改。

883 年，李克用受封为河东节度使。

979 年，宋太宗平北汉，火焚晋阳城。

980 年，引汾水、晋水水灌晋阳残城。

北朝 —— **隋** —— **唐** —— **五代十国** —— **北宋**

439—581 年　　　581—618 年　　　618—907 年　　　907—979 年　　　960—1127 年

581 年，隋文帝封次子杨广（后继位为隋炀帝）为晋王、并州总管。

607 年，隋炀帝巡视太原，建晋阳宫。

616 年，唐国公李渊任太原留守。

617 年，李渊、李世民于晋阳起兵。

923—936 年，晋王李存勖建立后唐，以晋阳为北都。

936—946 年，河东节度使石敬瑭建立后晋，置北京于太原。

947—950 年，河东节度使刘知远建立后汉，仍置北京于太原。

951—979 年，河东节度使刘旻建北汉，以太原为国都。

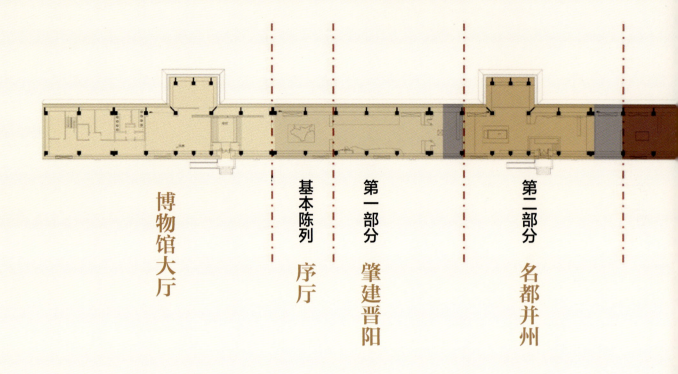

第二部分　名都并州

第一部分　肇建晋阳

基本陈列　序厅

博物馆大厅

　　晋阳古城考古博物馆位于晋阳古城遗址南侧奉宣街大夏门内，参照国家一级博物馆标准建设，是一座集文物考古、收藏、展陈、保护、研究、教育、旅游观光等功能为一体的专题类博物馆，也是反映晋阳古城历史发展脉络的核心场馆，更是太原市对外宣传展示的一道亮丽"名片"。博物馆规划建筑面积 12535 平方米，根据功能分为三大区域：核心展览区 5505 平方米；临时展览功能区 2950 平方米；文物本体保护及公众服务区 4080 平方米。

　　博物馆设计充分考虑城墙内部空间利弊，扬长避短，打破以往博物馆常规的布局空间。采用主线文物信息，中线视频与艺术创作画或场景辅展信息，三线沉浸式体验、互动科普结合规划展览流线。利用通长的建筑空间，以层层穿越的视觉与灵动的动线相结合，打造中国最长的博物馆。

　　考古博物馆核心展览区以"古城"为主题，立足晋阳城 1500 年建城史中的重要考古发现，通过这些出土文物，讲述晋阳"故事"，进一步诠释"晋阳文化"对中华文明历史进程产生的贡献。核心展览区以时间为序，分为序厅、第一部分肇建晋阳、第二部分名都并州、第三部分霸府别都、第四部分盛唐北都、第五部分锦绣太原等部分。

第三部分　霸府别都

第四部分　盛唐北都

第五部分　锦绣太原

互动区

尾厅

晋阳古城考古博物馆平面布局图

　　第一部分**"肇建晋阳"**，展陈文物 200 余件，展览分为"何以晋阳""奠基晋阳"两个单元。通过展陈文物及晋阳古城建造、晋阳之战等场景，展示晋阳所具有的独特山川地理以及赵简子在晋阳建立战略基地的历史背景；

　　第二部分**"名都并州"**，展陈文物 200 余件，展览分为"汉之王城""汉代市井""事死如生"三个单元。通过展示截至目前山西发现最大汉代诸侯王墓葬陵园的发掘经过、黄土高原出土简牍等重要文物，重点阐释汉代时期晋阳城社会生活与手工业发展体系；

　　第三部分**"霸府别都"**，展陈文物 200 余件，展览分为"魏晋风云""北朝晋阳""多元一体"三个单元。通过展示晋阳地区出土的北朝高等级墓葬及其奢华的生活场景，凸显魏晋南北朝时期，晋阳城在我国中古时期重要的地位及其对中国历史进程的深远影响；

　　第四部分**"盛唐北都"**，展陈文物 200 余件，展览分为"煌煌北都""壁上丹青""佛风绵远""问鼎中原"四个单元。通过展示晋阳古城出土的高等级建筑基址，揭示晋阳城作为中华文明中"盛世之重镇、乱世之强藩"的独特价值；

　　第五部分**"锦绣太原"**，通过展示太原市几代考古人在晋阳古城的栉风沐雨、薪火相传及晋阳古城国家考古遗址公园建设规划，展现锦绣太原的壮丽画卷。

前言

在 6～10 世纪的中国，如果说哪座城市的存亡、得失，关乎一个国家、一个朝代的存亡、得失，那一定是晋阳城。

春秋末期，雄才大略的赵简子深谋远虑，在太原盆地北端，晋水之阳营建城邑，是为晋阳。晋阳左有太行之险，右有大河之固，北逼强胡，南卫京师。既有中原北门之寄，以一城而系天下安危，又处农耕游牧之间，兼两域而融文明精华。初都别都北都，四战之地引风云变色；侠气骨气豪气，八方英豪铸晋阳辉煌。

赵襄子凭恃坚城晋阳灭知氏，造成晋国三分。李光弼率领北都军民守孤城，反败安史叛军。一部五代史，将得晋阳者得天下，失晋阳者失天下，演绎得淋漓尽致。

216 年，曹操将生活在晋阳周围的南匈奴分成五部，统一管理，民族融合的大剧渐入高潮。迎泽区王家峰北齐徐显秀墓的域外文化元素，晋源区王郭村虞弘墓主人是一个来自中西亚地区的粟特人，均为晋阳多民族交融与互动的生动写照。

赵宋一炬，辉煌 1500 年的历史名城毁于一旦。其后千年，晋阳古城遗址上少有大规模建设，致使焚毁之时的古城——唐、五代时期的城市遗址得以完整保存。因此荣列首批国家考古遗址公园立项名单。

太原市委市政府深刻领会文物承载灿烂文明，传承历史文化，维系民族精神的宗旨，秉持保护文化遗产，功在当代，利在千秋的理念，戮力推动晋阳古城国家考古遗址公园和晋阳古城考古博物馆的建设。这正是：华夏又迎承平世，重看官家筑晋阳。

全国重点文物保护单位碑

目　录

001
第一部分
肇建晋阳

第一单元　何以晋阳 / 004
第二单元　奠基晋阳 / 010

033
第二部分
名都并州

第一单元　汉之王城 / 036
第二单元　汉代市井 / 040
第三单元　事死如生 / 048

075
第三部分
霸府别都

第一单元　魏晋风云 / 078
第二单元　北朝晋阳 / 084
第三单元　多元一体 / 104

147
第四部分
盛唐北都

第一单元　煌煌北都 / 150
第二单元　壁上丹青 / 172
第三单元　佛风绵远 / 184
第四单元　问鼎中原 / 200

217
第五部分
锦绣太原

第一单元　晋阳涅槃 / 220
第二单元　铲释晋阳 / 222
第三单元　盛景再现 / 228

235
后　记

春秋晚期，赵鞅主政晋国，纵横中原；匡合诸侯，争执牛耳；铸刑鼎，纳阳虎，风云当时。前497年前，赵简子为立于不败之地，做出营造晋阳城的战略决策，此为太原2500余年建城史的开端。

晋阳城诞生之初，即以军事重镇闻名于世。赵简子退保晋阳，率领"晋阳之甲"回师绛都，兴赵族而奠基霸业；赵襄子固守晋阳，灭知氏而三家分晋，立赵国而初都晋阳。不久北灭代国，将势力推向草原。从此，晋阳又成为中原农耕文明与北方游牧文明交汇的前沿，并以其独特的政治、军事地位，为中华民族大一统的形成和发展做出了重要贡献。

第一部分

肇建晋阳

第一单元

何以晋阳

太原盆地优越的自然环境孕育出灿烂的文明。从古交市的古交遗址、李家社遗址，到尖草坪的土堂遗址，更新世的垒垒黄土，诉说着旧石器时代的步履蹒跚；镇城、义井、郑村、光社、狄村、东太堡、许坦等遗址……鬲甒罐瓮斧镞针刀中，蕴藏着新石器时代文化的星星之火。

或许，传说中的"故唐城"便是在此基础上发展而来，并成为后来的唐尧都城。周成王灭唐后，封其弟叔虞于"河、汾之东"的唐地。叔虞之子燮父改国号为晋。如今，为纪念唐叔虞及其母后邑姜而修建的晋祠，已成为传承晋文化的载体，赓续着中华传统文脉。

第一组

太原盆地

太原盆地，远古时为"昭余祁薮（俗称晋阳湖、大湖）"。史前时期，烟波浩渺的昭余祁薮，是哺育太原古文明的摇篮。大湖之滨，太原先民的文明脚步在蹒跚中演进，走过了50万年茹毛饮血的旧石器时代。新石器时代来临，诸多聚落点缀于大湖沿岸。直至距今4500年左右的龙山文化时期，昭余祁薮涸缩，逐渐形成今天的太原盆地。

镇城遗址五边形房址

镇城遗址 镇城遗址位于尖草坪区柏板乡镇城村西南900米处。遗址时代主要为仰韶文化中晚期。遗址内发现有灰坑、陶窑、房址等，其中一处五边形半地穴式房址，为太原盆地首次发现；出土遗物有陶器、石器、骨器等。

镇城遗址对于研究太原盆地新石器时代文化面貌、构建该地区史前文化序列、探讨太原及周边地区史前文化交流等具有重要的学术价值。

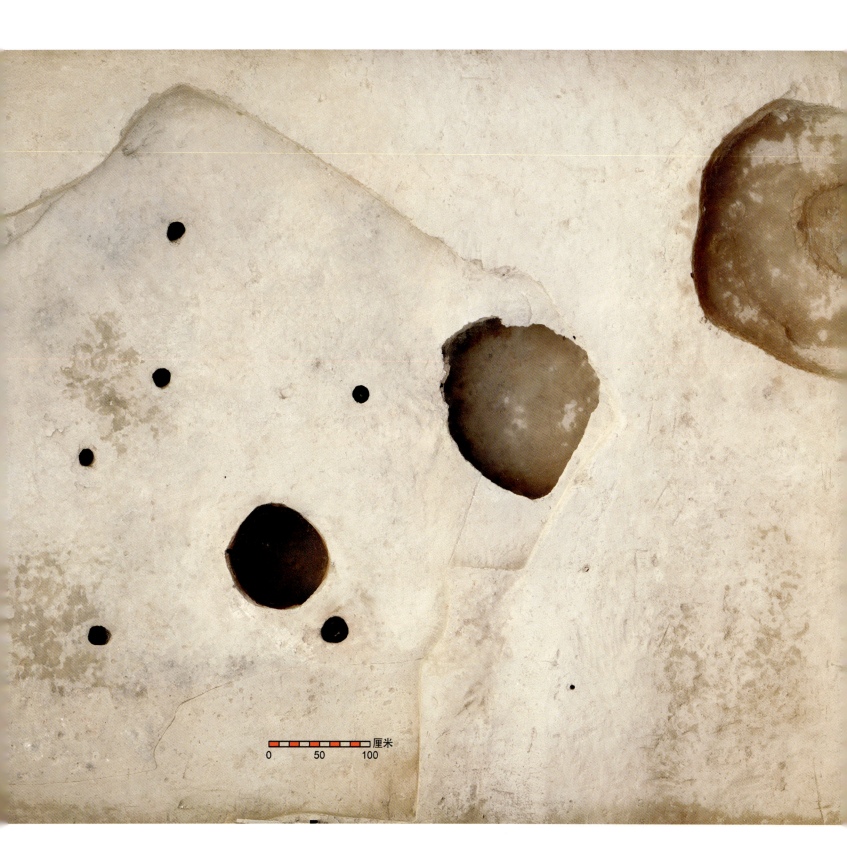

花瓣纹彩陶罐

▶▶ 新石器时代（距今 12000—4000 年）

口径25.6、底径10.5、高21厘米

尖草坪区镇城遗址 H3 出土

带流网格纹彩陶罐

▶▶ 新石器时代（距今 12000—4000 年）

最大腹径27.3、高26.1厘米

尖草坪区镇城遗址 H62 出土

第二组

古唐国

　　殷周之际，在今天山西省南部的翼城、曲沃、绛县之间，有一古国，历史上称为唐国。唐国东临太岳山脉的西麓，北、东、南三面地形偏高，向西倾斜，浍水由东北向西南缓缓流去，在今侯马市附近注入汾河。

　　传说古唐国人是帝尧陶唐氏后裔的一支，追溯陶唐氏的历史，其最早聚居于太行山东麓，后西入太行山，选择山西晋中、太原地区作为他们新的安居乐业之所，最后沿汾河南下，定居平阳。太原地区发现的都沟遗址、郑村遗址等，为探寻这段历史提供了重要线索。

郑村遗址院落

陶斝

▶▶ 新石器时代（距今 12000—4000 年）

口径8.5、高9.2厘米

小店区郑村遗址 H14 出土

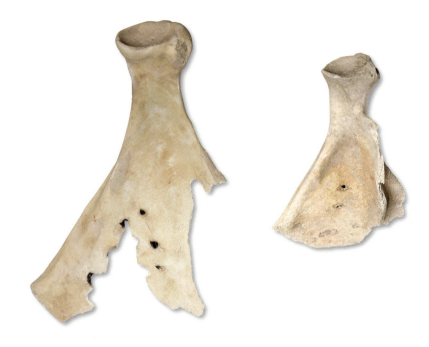

卜骨

▶▶ 新石器时代（距今 12000—4000 年）

左侧卜骨长20、宽11厘米

右侧卜骨残长13、宽7.5厘米

小店区郑村遗址 H6 出土

灰陶绳纹卵腹三足瓮

▶▶ 新石器时代（距今 12000—4000 年）

最大腹径60、高72厘米

尖草坪区光社遗址出土

第三组

叔虞封唐

　　周武王灭商后，唐国服事于周王。成王嗣位后，西周发生"三监之乱"，周公平乱后，唐国因支持叛乱而遭打击，成王命唐国国君、贵族、官员迁离唐地，并将唐地重新分封。唐地处于镇抚北方狄戎、藩屏周王室的重要位置，于是成王将唐地分封给其胞弟——叔虞，史称唐叔虞。叔虞之子燮父即位之后，将国号由"唐"改为"晋"，始称晋侯，开创了晋国600年历史。

　　关于晋国始封地地望，史上众说纷纭，现经考古证实在今临汾市曲沃县、翼城县一带。但是史料中多记载晋国始封地为晋阳，此观点在历史记载中时代最早、传说最多、影响最大。晋阳也因此很早就建起了一座纪念唐叔虞的祠堂——晋祠的前身"唐叔虞祠"。

大卤之战 "大卤之战"又称"大原之战"。前541年，晋国大将荀吴率军在大卤与狄人交战，晋国将领突破成法，"毁车以为行"，改车战为步战，最终赢得了胜利。大卤之战是春秋晚期晋国向北扩张的一次重要战役，也是晋国势力进入太原盆地的标志事件。之后晋国在山西中部迅速扩张，使太原地区成为当时北方地区民族融合的中心之一。

叔虞墓保护碑

　　为了配合太原党校新校区的建设，2021年，考古工作者对"唐叔虞墓"进行考古勘探。"唐叔虞墓"由墓道、墓室组成。墓道位于墓室西侧，浅黄色夯土，呈斜坡状，平面呈梯形，东西长14.5、南北宽4.0-14.7、残深0-3.0米。墓室浅黄色夯土，夯层厚25-30厘米，包含物有石块等包含物。墓室平面呈长方形，开口于现地表下7.8米，东西长64.0、南北宽35.8、深21米。

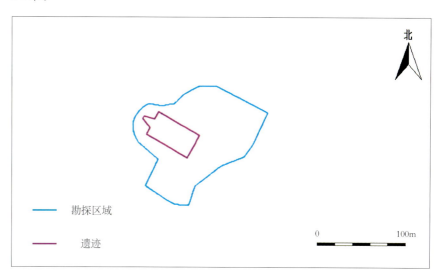

北

　　　勘探区域

　　　遗迹

0　　　　　100m

"唐叔虞墓"考古勘探平面示意图

第二单元

奠基晋阳

"晋阳"之名始见于《春秋》："（定公十三年）秋，晋赵鞅入于晋阳以叛。"由此可知，至迟在鲁定公十三年（前497年），晋阳城已完成营建。作为赵氏的一处重要军事重镇，晋阳城在某种程度上还扮演着"都邑"的角色。直至前423年赵献侯迁都中牟（河南鹤壁），晋阳城一直都是赵氏的政治中心。可以说，赵氏与周边诸国及北方少数民族的军事争雄、经济交流、文化互鉴，不仅揭示了赵氏的兴衰变化，也见证了农耕文明与游牧文明的融合发展，更奠定了晋阳作为千年古城的文化底蕴和历史脉络。

第一组

董安于营建晋阳

地理优势

太原盆地位于晋国北部，四面环山，独特的地缘优势，使得太原盆地占据"居高临下"之势，且远离晋国纷争。此外，太原盆地位于黄河中游的汾河谷地，地势平坦、土地肥沃，良好的自然环境使得太原盆地物产丰富、具有雄厚的经济基础。

赵鞅在参与六卿斗争和对外开拓的过程中，看到了太原盆地在政治、经济地理环境上的优势，意识到只要控制了太原盆地，便可南制诸卿、北伐诸戎。于是他把太原盆地确定为家族的战略中心，并决定在太原盆地北缘、晋水之阳修筑晋阳城，以此为赵氏的战略后方和新的军事据点。

董安于选址

董安于，字阏于，平阳翼城人。春秋时期晋国正卿赵鞅心腹家臣，是城建方面的专家，也是首任晋阳宰。

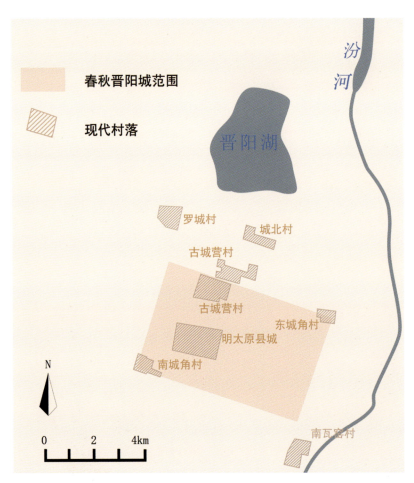

春秋晋阳城示意图

铜镞

　　董安于奉赵鞅之命，详细
考察太原盆地的山川地理，最终
选定太原盆地北端的晋水北岸区
域为建城地点。此处西靠太山、
龙山，东临汾河，南濒晋水，为
一处"山环水绕，原隰宽平"的
理想之地，同时位于南北要道与
西向道路交汇之处，是控制和开
发太原盆地的枢要，也是赵氏根
基北迁的最佳选址。晋阳城建城
之后，遂成为北方最具战略意义
的要地之一。

　　据《战国策》记载，董安于营
建的晋阳城，城内宫墙以竹木等坚
韧的材料为墙骨；宫室建筑则以铜
为柱础，这些材料都可在战争中用
以制造兵器。

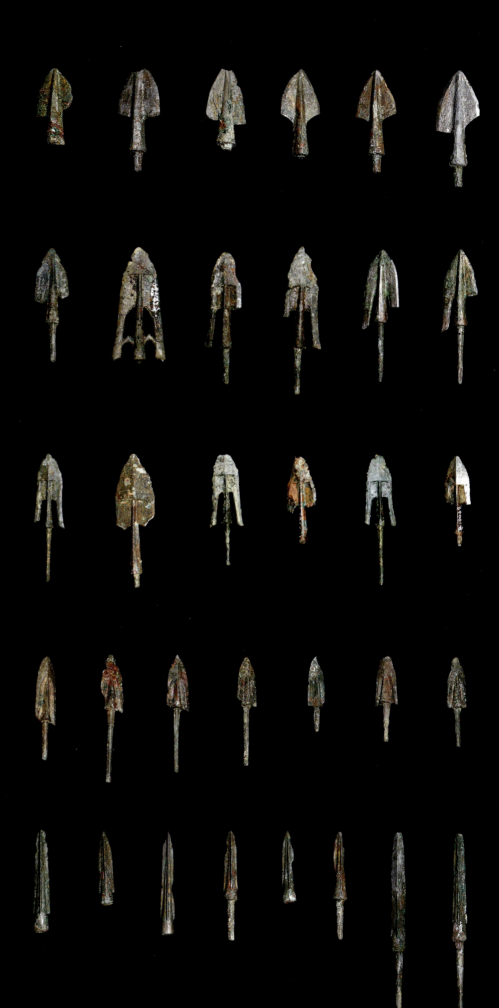

铜镞

▶▶ 春秋（前 770—前 476 年）

长度 3-9 厘米

晋源区金胜村 M251 出土

尹铎经营晋阳城

尹铎，春秋时期晋国人，赵简子的家臣。尹铎原为晋阳宰董安于的属大夫，前496年董安于去世后，继任晋阳宰。上任之前，他请示赵简子"要把晋阳治理成敛取赋税的基地，还是赵氏的稳固堡垒"，赵简子答"要稳固的堡垒"。尹铎上任后沿袭董安于的治理理念，采取"损其户数""使民优而少税"等诸多措施，晋阳得以政治稳定，经济繁荣，人民安居乐业。

双耳莲盖壶

▶▶ 春秋（前770—前476年）

口径15.3、腹径26.5、高43.5厘米

晋源区金胜村 M673 出土

第二组

晋阳赵鞅

自前8世纪初，赵叔带弃周投奔晋文侯开始，赵氏在晋国政治舞台上一直起着举足轻重的作用。晋襄公元年（前627年），赵衰成为晋国的中军佐；晋襄公七年（前621年），赵盾任晋国正卿并执掌国政；晋平公十年（前548年），赵武再掌国政；晋定公十九年（前493年），赵鞅升任晋国正卿，成为继赵盾、赵朔、赵武之后赵氏出身的又一位晋国执政卿。

赵鞅是晋阳城的创建者和战国时期赵国的奠基人。1987年发掘的赵卿墓，再现了晋阳城肇建阶段的辉煌。

赵卿世系表

历代宗主	生平大事
造父	本为嬴姓，为周穆王驾车大夫，随穆王攻破徐偃王，受赐赵城（今属山西洪洞县），遂以赵为氏，为赵氏始祖。
叔带	造父之七世孙。西周末年，周幽王无道，叔带率族入晋，事晋文侯，始建赵氏于晋国。
赵夙	叔带之五世孙。前661年，随晋献公伐霍、魏、耿，三国灭亡后，赵夙赐耿（今山西河津市）。
赵衰	名衰，字子余，谥号为成季，史称赵成子。前656年，追随晋公子重耳流亡19年，助其即位，封原大夫（今河南济源县西北），佐文公称霸。
赵盾	时称宣孟，谥赵宣子。前621年，晋置三军六卿，赵盾先为中军佐，后为中军将，居上卿之位，历晋国襄、灵、成三代，掌国政20余年，政绩卓著，战功显赫。
赵朔	赵盾之子，谥赵庄子。晋景公时期晋国六卿之一。前585年景公迁都新田（今山西侯马市）。前597年，晋楚邲之战，赵朔为下军将救郑。
赵武	赵朔之子，即"赵氏孤儿"，谥赵文子。在"下宫之难"中幸存，后光复赵氏，并巩固赵氏卿族地位。以中军佐步入晋国政坛，历景、悼、平三代晋公，掌国政十余年，佐悼公复霸，主弭兵维和。
赵成	赵武之子，因排行称景叔，谥赵景子。景叔之时，维系了赵氏"文景中兴"。为晋国卿，多参与国使往来，前535年，向出使晋国的子产问郑国事。前533年，赴成周归阎邑之田，赢得周景王的回馈。
赵鞅	即赵简子，字志父。春秋晚期晋国名卿。初涉政坛即平息王子朝之乱，周敬王许为王室命卿。革新田制，调整赋税，选贤任能，奖励军功，铸刑鼎，公布成文法。前493年任正卿，掌国政17年。清除范氏、中行氏余势，转战中原，争锋天下，维护晋国霸主地位。
赵无恤	即赵襄子，亦名"毋恤"。因卓识才能以庶子身份承袭赵氏宗主和晋卿之职。前575年，灭代，封长兄伯鲁之子为代成君，后立伯鲁之孙为宗子。前453年，晋阳保卫战，联合韩、魏击败知氏，形成三家分晋格局。简、襄两代功烈，为赵氏在战国时期建立赵国奠定了基础。

东周赵卿墓　赵卿墓，位于太原市晋源区金胜村西的龙山脚下，1988年发掘，系大型积石积炭木椁墓。墓口长11、宽9.2、深14米，三重棺椁。随葬器物3421件，其中青铜器达1402件，另有16辆车和46匹马组成的大型陪葬车马坑。赵卿墓是迄今为止所见等级最高、规模最大、随葬品最丰富，资料最完整的东周时期晋国高级贵族墓葬。经研究考证，墓主人很可能为赵鞅（赵简子）。

赵卿墓发掘现场

赵卿墓车坑发掘现场

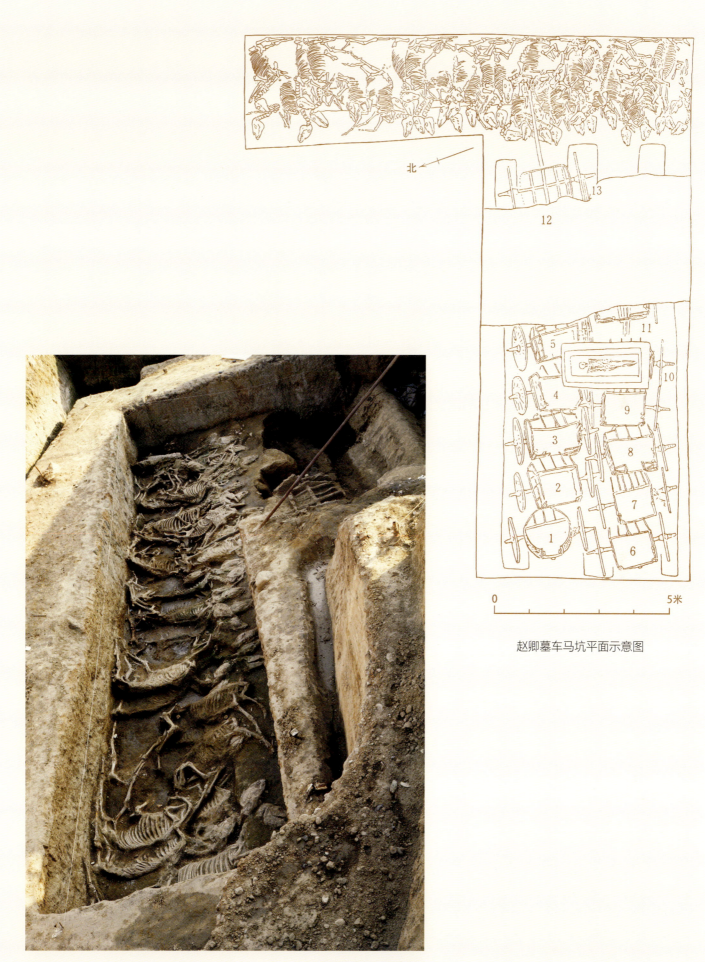

赵卿墓车马坑平面示意图

北

12
13

11
5
4
10
3
9
2
8
1
7
6

0   5米

赵卿墓马坑发掘现场

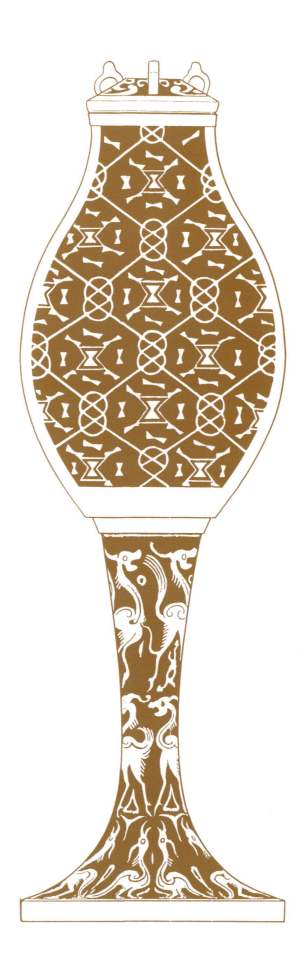

高柄小方壶

▶▶ 春秋（前 770—前 476 年）

腹径 8.9、高 27.5 厘米

晋源区金胜村 M251 出土

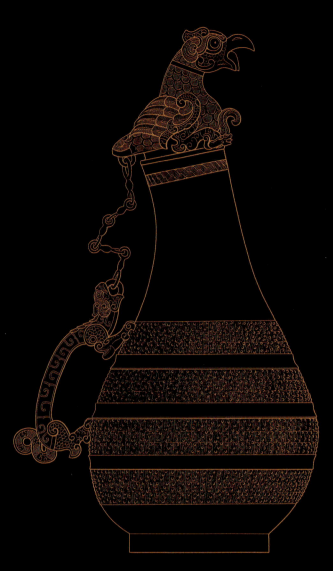

匏壶

▶▶ 春秋（前 770—前 476 年）

高 40.8 厘米

晋源区金胜村 M251 出土

鸟尊

▶▶ 春秋（前770—前476年）

长33、高25.3厘米

晋源区金胜村 M251出土

罍

▶▶ 春秋（前 770—前 476 年）

腹径 37.5、高 36.3 厘米

晋源区金胜村 M251 出土

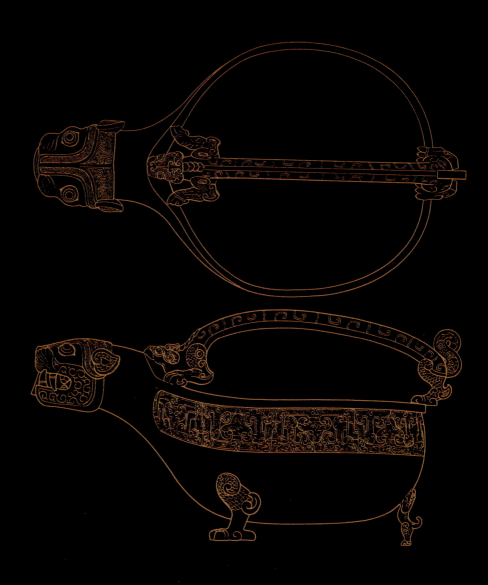

螭梁虎头匜

▶▶ 春秋（前 770—前 476 年）

长 35.8、宽 20.5、高 18.8 厘米

晋源区金胜村 M251 出土

虎形灶

▶▶ 春秋（前 770—前 476 年）

长 35.8、宽 20.5、高 18.8 厘米
晋源区金胜村 M251 出土

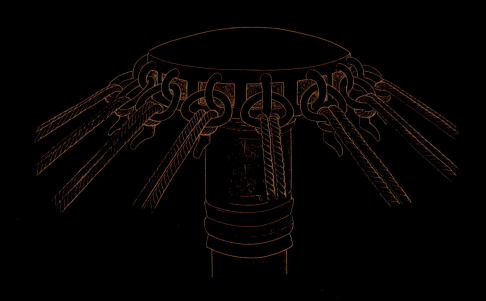

毡帐顶

►► 春秋（前 770—前 476 年）

长 35.8、宽 20.5、高 18.8 厘米

晋源区金胜村 M251 出土

铜鼎

▶▶ 春秋（前770—前476年）

腹径32、高35.5厘米

晋源区文化和旅游局藏

第三组

晋阳之战

　　春秋晚期，晋国实力逐渐衰落。诸卿中势力最大的知伯在担任晋国执政卿时，向韩、魏、赵"请地"，韩、魏两家迫于知伯的权势而"献地"，赵襄子则拒绝献出城邑。知伯怒，遂率韩、魏攻赵。赵襄子不敌，选择退守至城池坚固、物资充足的晋阳。

　　前455—前453年，赵氏在晋阳与知、韩、魏联军进行了城邑攻防战，即"晋阳之战"。经过赵襄子游说，韩、赵、魏三家联合攻灭知伯，继而瓜分晋国，史称"三家分晋"，"三家分晋"也是中国历史上由春秋时期进入战国时期的重要标志。

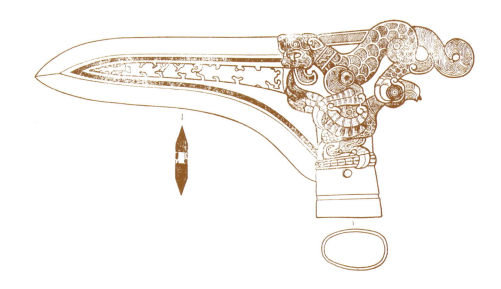

虎鹰互搏鎏内戈

▶▶ 春秋（前770—前476年）

长20.3、援长13厘米
晋源区金胜村 M251出土

铜戈

▶▶ 东周（前770—前256年）

长19.8、援长12厘米
太原市博物馆藏

夹子地战国墓

夹子地战国墓 夹子地战国墓位于晋阳古城西城墙东侧，现古城营村西300余米，七三公路南侧，共发掘竖穴土坑墓两座。随葬器物组合均为鼎、豆、壶。该墓所在位置为确定东周晋阳城范围提供了重要依据。值得关注的是，经鉴定，两位墓主人都有骨折后愈合现象，反映出当时人们对骨折类损伤已经有了较好的处置方法。

夹子地 M1

夹子地 M2

陶豆

▶▶ 战国（前 475—前 221 年）

腹径6.8、高17.5厘米

晋源区古城营村夹子地 M2出土

陶壶

▶▶ 战国（前 475—前 221 年）

口径14.5、腹径22、高35.5厘米

晋源区古城营村夹子地 M1出土

陶鼎

▶▶ 战国（前475—前221年）

口径20、腹径21.8、高18.9厘米

晋源区古城营村夹子地 M1 出土

鼓座

▶▶ 春秋（前 770—前 476 年）

最大径81、高39厘米

晋源区金胜村 M674出土

陶范

▶▶ 战国（前 475—前 221 年）

长8.5、宽5.7、厚2.3厘米

晋阳古城西城墙遗址出土

"晋阳"布 布币是先秦时期流通较为广泛的一种金属铸币，主要流通于当时的中原地区。布币形制多样，可依其首、肩、足的不同进行分类。有些布币上铸有铭文，通常为其铸造地点。赵鞅建晋阳城后，开始铸造带有"晋阳"铭文的布币。目前已发现春秋战国时期"晋阳布"数量众多，标志着晋阳城有了自己的铸造货币。

晋阳尖足布

▶▶ 战国（前 475—前 221 年）

肩宽3.8、足宽4.5、高8.2厘米

该布是战国早期赵国的货币。

"晋阳"是铸币地名，在今山西省太原市。

前221年秦统一全国，分置36郡，晋阳为太原郡治所。自此，晋阳城也称太原城。秦朝灭亡后，楚汉相争，太原战火再起。前206年汉朝建立，有汉一朝，征战漠北，深入匈奴，叩击祁连，横分单于，显示了汉人深远的政治襟怀和战略视野。晋阳城地近北边，是汉王朝北进的战略重地，为维护王朝边疆的稳定做出了重要贡献。

第二部分

名都并州

第一单元

汉之王城

汉初，为抵御匈奴，高祖刘邦在太原、上党两郡封立诸侯国韩国，封韩王信（韩襄王之孙）先后都晋阳、马邑（今朔州）。前201年韩王信投降匈奴，引兵直逼晋阳城。次年，刘邦亲率大军夺回晋阳，一路北上至平城（今大同），中计被围困于白登山，史称"白登之围"。前196年，太尉周勃由太原进入代地（今山西西北部）击败叛军，斩杀陈豨和韩王信。此后，汉王朝为固守边防，以晋阳为王城，封刘恒为代王。西汉"诸吕之乱"平定，代王刘恒即皇帝位，晋阳城也就成了"文景之治"的孕育之地。

第一组

刘恒治理代国

前196年高祖刘邦合定襄、雁门、代郡、太原四郡之地设立代国，封八岁的刘恒为代王。刘恒（前202—前157年），是汉高祖刘邦的第四子，治理代国十七年（前196—前180年），他熟读诗书，勤勉为政，体恤民情，与民休息，薄赋轻徭，发展生产，防御匈奴，将代国治理得殷实、富足、安定。前180年，刘恒入继西汉大统，执政二十三年间，政治清明，社会稳定，经济富庶，开创了"文景之治"。汉文帝曾于前161年、前159年两次巡幸太原。

刘恒画像

西汉太原诸王 晋阳，代国都城。西汉太原诸侯王以韩王信为首，其以晋阳为短暂都城后即迁至马邑。前 196 年刘恒封代王，十七年后，入长安继皇帝位，是为汉文帝；其后刘恒嫡子刘武先徙代王再改封淮阳王；刘恒三子刘参接任代王，于前 163 年辞世；刘参子刘登继代王位，在位二十九年。刘登之后，其子刘义于前 133 年继代王位，前 114 年由晋阳迁徙清河（今河北清河县），赴任清河王，死葬清河。综上，几位代王中只有刘参、刘登父子二人的陵墓在太原。

第一代 —————————————————————————————— **刘 恒**

前 196 年，封代王，都晋阳

第二代 ———————————— **刘 武** ———————————— **刘 参**

前 178 年，封代王
前 175 年改封淮阳王（今河南
淮阳县）

前 178 年，封太原王，都晋阳，
刘武迁淮阳后，太原国并入代
国，刘参改任代王，仍都晋阳。

第三代 —————————————————————————— **刘 登**

前 162 年，嗣代王位，都晋阳

第四代 —————————————————————————— **刘 义**

前 133 年，嗣代王位，都晋阳
（前 114 年迁清河）

第二组

汉代晋阳城建

汉代晋阳城在东周晋阳城基础上营建，城池为南北长方形结构，四围夯土城垣，宫殿区、衙署区、手工业作坊区、居住区等以棋盘式和封闭式布局。晋阳古城遗址现存的西城墙主体部分坚实宽厚，南北绵延600余米，根据夯筑方法和包含物，可基本确定这道城墙建于汉代。

汉代晋阳城规模宏大，布局规整，市井林立，气象非凡。城内辟有专门的市场，以满足人们的商品贸易，街市店铺鳞次栉比，甚是繁华。

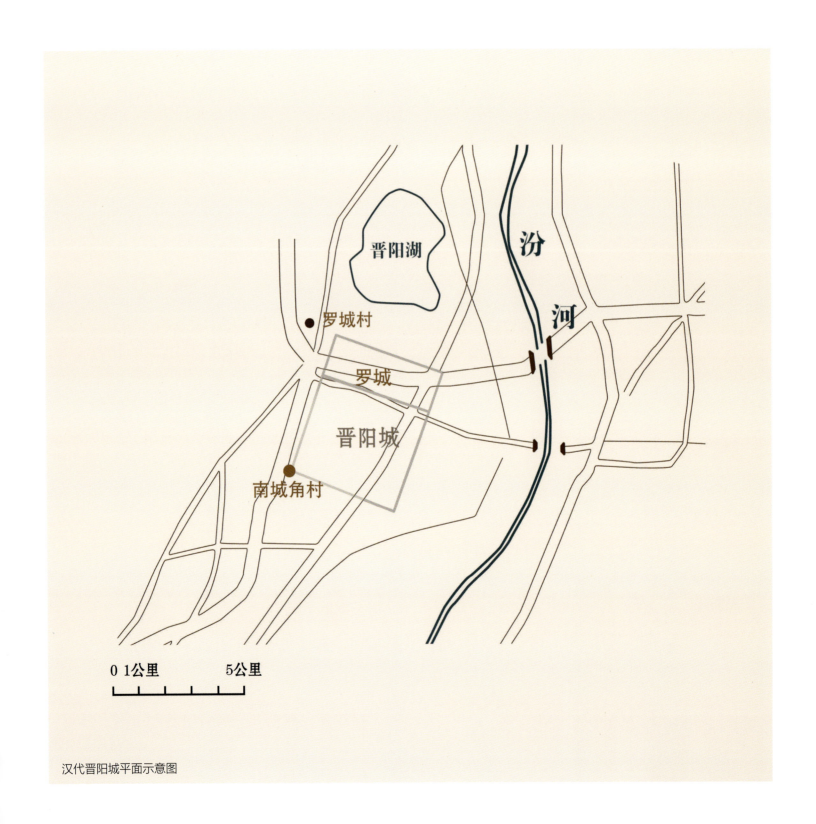

汉代晋阳城平面示意图

罗城"东马地"发掘现场图

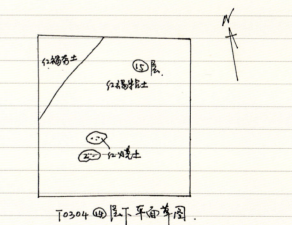

罗城"东马地"考古工地日志

铜镞

▶▶ 汉（前 206—220 年）

长度 3.5-4.8 厘米

晋源区罗城村"东马地"遗址出土

第二单元

汉代市井

两汉时期，晋阳城建得到长足发展。古城遗址考古发掘中出土大量的建筑构件和生活器具，这些遗物承载着丰富的文化信息，映射出两汉时期晋阳城社会生活的诸多方面，生动还原了晋阳城当时的社会历史面貌。

汉王朝土地广大，政通人和，国强民富。在这个政权统一的多民族国家，黄河上下、大江南北，一幅幅安逸幸福的生活画卷徐徐展开。从已经出土的墓葬壁画和画像石资料中，我们可以大致了解到汉人生活的方方面面。

家居　汉代城市洋溢着欢快热闹的气氛，大街小巷里人声鼎沸，车马喧嚣。居住在里坊区的普通人家多有庭院，部分建有阁楼，朴素中不乏情趣。官僚富贵之家则是亭台楼阁，水榭苑囿，燕居生活极具奢华。

宴饮　《论语》有云：“食不厌精，脍不厌细”，汉人在饮食上十分考究。餐桌荤素搭配、品类丰富，用餐时格外讲究礼仪，显示出儒雅的生活态度。大户人家时常举行盛大的宴饮活动，席间伴有乐舞和杂技表演，彰显了主人热情豪放的气度。

娱乐　汉画像石生动描绘了各种娱乐场景。杂技类有吞剑、走索、旋盘、扛鼎等项目，舞蹈类有长袖舞、建鼓舞、巾舞等，游艺类有六博、围棋、弹丸、投壶、蹴鞠、斗鸡等，这些丰富多彩的娱乐项目深受民众欢迎。有一个非常有趣的小故事，《汉书·陈遂传》记载，汉宣帝在民间生活时，与陈遂经常玩六博，宣帝技艺不佳，负债累累。他即位后，提拔陈遂为“官尊禄厚”的太原太守，以偿当年之债。

田猎　汉人的生活中，上至王公贵族，下到平民百姓都十分热衷田猎活动。他们一般选择秋冬时节，农忙之后，结伴山野，弯弓骑射。豪右之家出猎声势浩大，策马追逐猎物，前有飞鹰走狗，旁有仆役驱赶。熊罴、豪猪、虎豹、狐兔、麋鹿等均在狩猎单上。

几何纹方砖

▶▶ 汉（前206—220年）

边长27.2、厚3.2厘米
晋阳古城三号建筑基址出土

动物纹方砖

▶▶ 汉（前206—220年）

边长26.5、厚2.7厘米
晋阳古城三号建筑基址出土

东山古墓陵园遗址出土瓦当拓片

几何纹方砖

▶▶ 汉（前206—220年）

边长27.2、厚3.2厘米

晋阳古城三号建筑基址出土

动物纹方砖

▶▶ 汉（前206—220年）

边长26.5、厚2.7厘米

晋阳古城三号建筑基址出土

汉阙构件

▶▶ 汉（前206—220年）

顶部长82、宽55-60厘米；底部长124、宽103、高51厘米

晋阳古城三号建筑基址出土

筒瓦

▶▶ 汉（前206—220年）

长40、宽13.5-14.9、厚1.6-1.2、瓦舌长2.4厘米

晋阳古城二号建筑基址出土

军曲侯印

▶▶ 汉（前 206—220 年）

印章边长 2.8、高 2 厘米

印盒腹径 8、高 5 厘米

印盒盖贝壳部分直径 4.4 厘米

晋阳古城三号建筑基址出土

军曲侯印印面

军曲侯印印章盒盖贝壳部分

军曲侯印印章盒

陶染炉

▶▶ 汉（前 206—220 年）

径 21、高 14.5 厘米

太原市文物考古研究院藏

彩绘陶钫

▶▶ 汉（前 206—220 年）

腹径 20、高 49 厘米

太钢汉墓出土

彩绘双系陶榼

▶▶ 汉（前 206—220 年）

宽 16.5、高 19.9 厘米

太原市文物考古研究院藏

彩绘陶鼎

▶▶汉（前 206—220 年）

腹径 21.5、高 15.5 厘米

太原市文物考古研究院藏

彩绘陶盒

▶▶汉（前 206—220 年）

腹径 18、高 13.7 厘米

太原市文物考古研究院藏

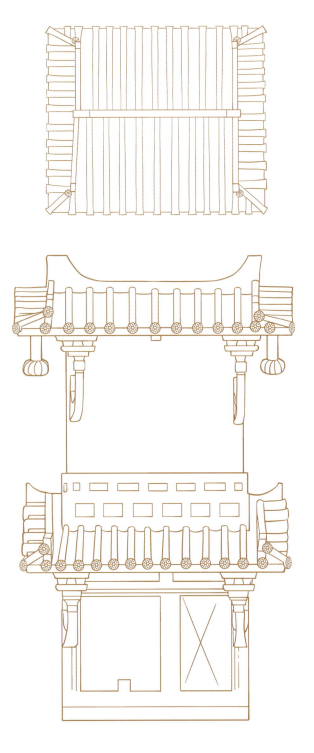

陶楼

►► 东汉（25—220年）

长32.5、宽17.2、高45厘米

晋源区王郭村汉墓出土

釉陶灶

▶▶ 东汉（25—220 年）

长26、宽20、高8厘米
晋源区果树场汉墓出土

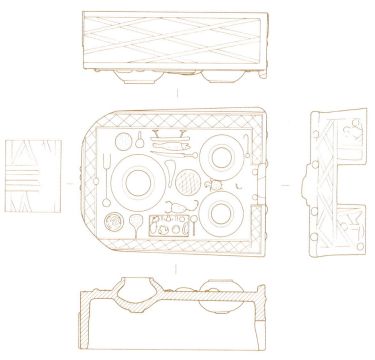

釉陶井

▶▶ 东汉（25—220 年）

高32厘米
晋源区果树场汉墓出土

第三单元
事死如生

汉人事死如事生，两汉时期，政治统一，经济发达，文化进步，聚族而居的庄园经济不断发展，使得整个社会呈现出富足、稳定的局面，客观上促使墓葬文化向世俗化、生活化方向发展。太原地区汉代墓葬遗存序列完整、内涵丰富，有代国王陵，有官吏墓葬，更有为数众多的普通百姓墓葬，这些墓葬展示了各阶层的葬俗礼制。

第一组
汉之王陵

西汉实行诸侯王就国制度，这些诸侯王镇守一方，生前必须在封国内生活，死后也要埋葬在封国。西汉诸侯国与中央皇帝的陵寝制度大致相同，诸侯王从登临王位第二年开始为其营建陵园，每年耗资国库收入的三分之一，或凿山为墓，或掘土为穴，所耗费资财难以数计。《汉书·地理志》载"讫于孝平，凡郡国一百三""侯国二百四十一"，说明汉代诸侯国和封王人数达到数百之多，这一情况造成了诸侯王陵园遗存十分丰富。现发现的汉代诸侯王墓广泛分布于全国各省区，据不完全统计，有四十余座。

现已探明部分两汉诸侯王墓

时间	名称	地理位置
西汉	燕（广阳王）后墓	北京市
	广阳王刘建夫妇墓	北京市
	中山靖王刘胜夫妇墓	河北省保定市
	中山怀王刘修墓	河北省定州市
	河间王刘辟疆夫妇墓	河北省沧州市
	吕王吕台墓	山东省济南市
	赵王张耳墓	河北省石家庄市
	常山宪王刘舜墓	河北省石家庄市
	赵王墓	河北省邯郸市
	济北王刘宽墓	山东省济南市
	济南王刘辟光墓	山东省济南市
	淄川王墓	山东省潍坊市
	鲁王墓群	山东省济宁市
	昌邑王刘髆墓	山东省菏泽市
	楚王墓群	江苏省徐州市
	梁王墓群	河南省商丘市
	泗水王墓	江苏省宿迁市
	江都王刘非墓	江苏省淮安市
	广陵王刘胥夫妇墓	江苏省扬州市
	广陵王刘守墓	江苏省扬州市
	六安王墓	安徽省六安市
	海昏侯墓	江西省南昌市
	象鼻嘴一号长沙王后墓	湖南省长沙市
	风蓬岭长沙王后墓	湖南省长沙市
	陡壁墓一号长沙王后墓	湖南省长沙市
	望城坡一号长沙王后墓	湖南省长沙市
	赵王张敖墓	陕西省咸阳市
	齐王刘闳墓	陕西省咸阳市
	南越王赵昧墓	广东省广州市
东汉	中山简王刘焉及王后墓	河北省定州市
	中山穆王刘畅及王后墓	河北省定州市
	齐炀王刘石墓	山东省淄博市
	齐王墓	山东省淄博市
	魏武王曹操墓	河南省安阳市
	任城王刘尚墓	山东省济宁市
	某代任城王配偶墓	山东省济宁市
	某代琅琊王及王后墓	山东省临沂市
	下邳王后或夫人墓	江苏省徐州市
	下邳王及王后墓	江苏省徐州市
	彭城王及王后墓	江苏省徐州市
	陈敬王刘羡墓	河南省周口市
	陈顷王刘崇及王后墓	河南省周口市
	广陵思王刘荆及王后墓	江苏省扬州市

第二组

东山古墓陵园遗址

　　东山古墓陵园遗址（简称：东山古墓），2013年文物部门在配合太原市东中环路工程建设中勘探发现，该墓是山西境内迄今为止发现的规模最大、等级最高、形制保存最完整的西汉诸侯王墓。

　　墓园为南北长方形，南北长360米，东西宽180米。园内两座大墓（北侧墓葬为M1，南侧墓葬为M2）南北并列，坐西朝东。墓葬由两条长墓道和矩形墓室组成，平面呈现为"中"字形制，东西横跨150余米，深度20余米，属于高规格王侯级葬制。由于西汉王侯墓沿袭秦代制度，王和后同茔异穴，王墓居右，后墓居左，由此推断，位于陵园南侧的M2为王墓，位于北侧的M1为王后墓。

　　2015-2018年，东山古墓考古队完成了国家文物局批准的田野考古工作任务，搞清了陵园布局和规制，取得了阶段性成果。

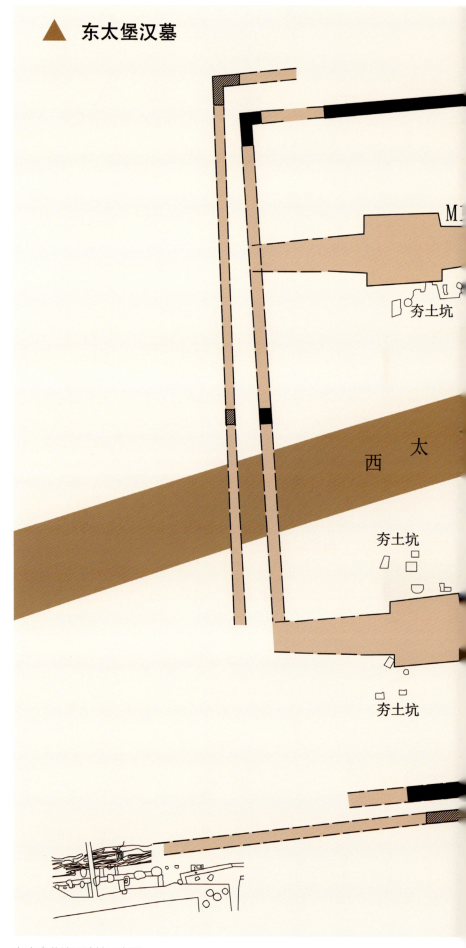

东山古墓陵园遗址示意图

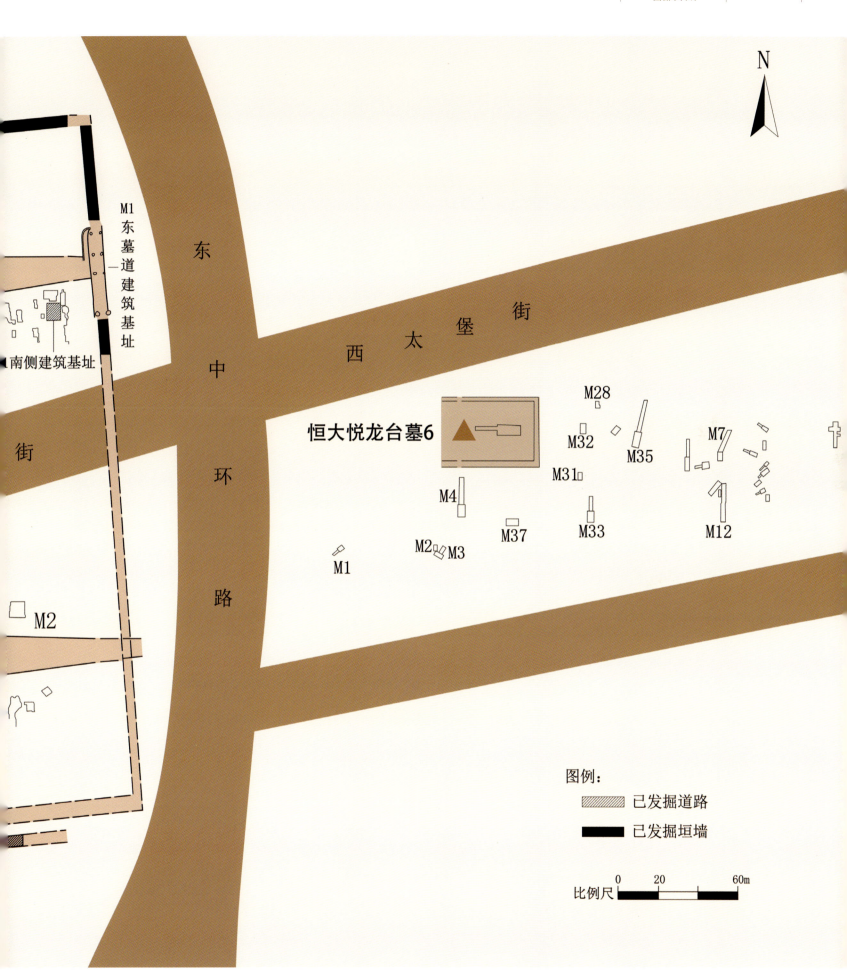

N

东
中
环
路

东

街

西 太 堡 街

M1东墓道建筑基址

南侧建筑基址

M2

恒大悦龙台墓6

M28

M32

M35

M7

M31

M4

M37

M33

M12

M2 M3

M1

图例:

已发掘道路

已发掘垣墙

比例尺 0   20   60m

东山古墓陵园遗址考古成果：陵园北墙体遗迹（西—东）

东山古墓陵园遗址考古成果：MI 墓圹航拍图

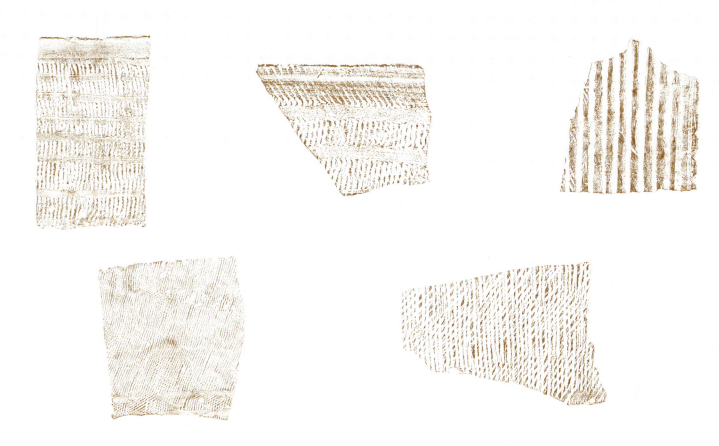

东山古墓陵园遗址出土的板瓦瓦面拓片

东山古墓陵园遗址出土的板瓦内面装饰拓片

东山古墓陵园遗址出土瓦当拓片

板瓦

▶▶ 西汉（前206—8年）

长47、宽28-31厘米

东山古墓陵园遗址出土

绳纹筒瓦

▶▶ 西汉（前206—8年）

长39.2、宽13.9-14.4厘米

东山古墓陵园遗址出土

绳纹筒瓦

▶▶ 西汉（前206—8年）

长38.3、宽13.5-15.1厘米

东山古墓陵园遗址出土

涂朱"宫"字款瓦当

▶▶ 西汉（前 206—8 年）

直径 14 厘米

东山古墓陵园遗址出土

涂朱云纹瓦当

▶▶ 西汉（前 206—8 年）

直径 14.2 厘米

东山古墓陵园遗址出土

涂朱"宫"字半瓦当

▶▶ 西汉（前 206—8 年）

长14、宽6厘米

东山古墓陵园遗址出土

涂朱云纹半瓦当

▶▶ 西汉（前 206—8 年）

长14.2、宽7.1厘米

东山古墓陵园遗址出土

陶盆

▶▶ 西汉（前 206—8 年）

口径 28.3、底径 13、高 15.5 厘米

东山古墓陵园遗址出土

陶盆

▶▶ 西汉（前 206—8 年）

口径 46.7、底径 20、高 25.1 厘米

东山古墓陵园遗址出土

陪葬墓一（东太堡汉墓） 1961年东太堡发现的西汉武帝时期墓葬（东太堡汉墓），位于东山古墓西北侧，初步确认为东山古墓陪葬墓之一。出土文物铜钫刻铭"晋阳容六斗五升重斤九两"，1号铜锤刻铭"代食官槽钟容十斗第十"，3号铜锤锤腹刻铭文"清河大后中府锤容五斗重十七斤第六"。所谓"清河大后"就是业界称其为清河太后墓之渊源，这些铭文为探寻西汉代王陵墓提供了重要信息。

东山古墓墓主身份推断： 东太堡汉墓青铜器铭文为推测东山古墓墓主身份提供了有力依据。西汉太原诸王中只有刘参、刘登父子的陵园设在太原，而东太堡汉墓青铜器镌刻的"清河大后"铭文，其所指应是刘登之妻、刘义之母。据此可以推断，东山古墓有可能是代王刘登夫妇的墓园。

金饼

▶▶ 西汉（前 206—8 年）

直径 5-6.4 厘米
迎泽区东太堡村汉墓出土

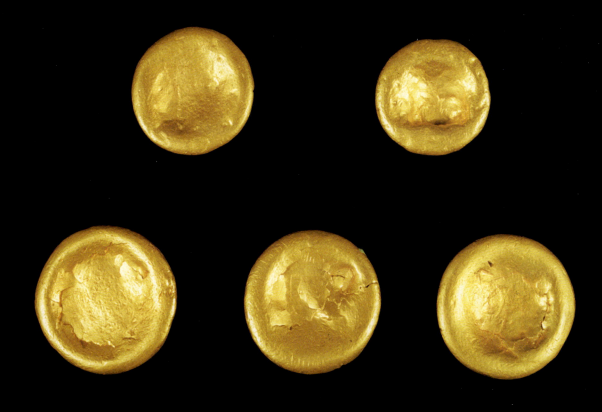

陪葬墓二（悦龙台 M6）

2017 年在配合悦龙台工程施工中发现并发掘。墓葬位于东山古墓东侧，编号为悦龙台 M6，是一座西汉高等级官吏墓葬。该墓葬"甲"字形制，坐东朝西，斜坡墓道，棺椁葬具。出土文物 66 件（组），较为重要的有琴、瑟、漆奁盒、漆案、玉印、铜印、简牍等。从该墓形制、位置、朝向以及出土文物，可以判定 M6 为东山古墓的一座陪葬墓。

漆案

▶▶ 西汉（前 206—8 年）

边长 44 厘米

悦龙台 M6 出土

简牍

▶▶ 西汉（前 206—8 年）

长约 23、宽约 0.8 厘米

悦龙台 M6 出土

彩绘陶壶

▶▶ 西汉（前 206—8 年）

腹径 29.2、高 29.5 厘米

悦龙台 M6 出土

玉印

▶▶ 西汉（前 206—8 年）

边长 2.3、高 1.9 厘米

悦龙台 M6 出土

铜灯

▶▶ 西汉（前 206—8 年）

直径 11、高 28 厘米

悦龙台 M6 出土

铜行灯

▶▶ 西汉（前 206—8 年）

长 19、宽 11、高 7、灯盘直径 11 厘米

悦龙台 M6 出土

花丝金饰件

▶▶ 西汉（前 206—8 年）

直径 1、高 0.6 厘米

悦龙台 M6 出土

铜镜

▶▶ 西汉（前 206—8 年）

直径 16.45、厚 0.66 厘米

悦龙台 M6 出土

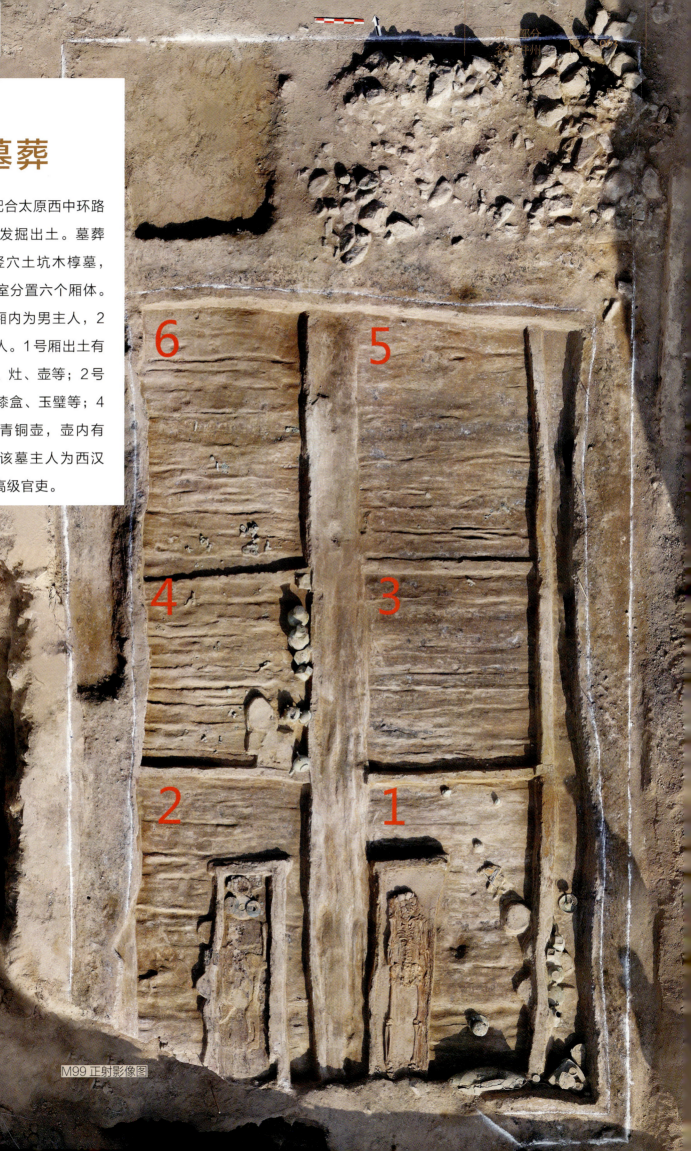

官吏墓葬

2018年配合太原西中环路南延工程考古发掘出土。墓葬编号 M99，竖穴土坑木椁墓，积石积炭，椁室分置六个厢体。经鉴定，1号厢内为男主人，2号厢内为女主人。1号厢出土有青铜熏炉、鉴、灶、壶等；2号厢出土漆奁、漆盒、玉璧等；4号厢中出土有青铜壶，壶内有酒。初步推断该墓主人为西汉时期晋阳城的高级官吏。

M99 正射影像图

铜銍

▶▶ 西汉（前206—8年）

直径10、高23厘米
西中环路南延 M99出土

铜钫

▶▶ 西汉（前206—8年）

腹径13、高21厘米
西中环路南延 M99出土

铜弩

▶▶ 西汉（前 206—8 年）

长 14、宽 11.5、厚 4 厘米
西中环路南延 M99 出土

铜镜

▶▶ 西汉（前 206—8 年）

直径 7.5、厚 0.8 厘米
西中环路南延 M99 出土

铜壶

▶▶ 西汉（前 206—8 年）

腹径19.5、高20厘米

西中环路南延 M99出土

铜榼

▶▶ 西汉（前 206—8 年）

宽21、高21厘米

西中环路南延 M99出土

铜壶

▶▶ *西汉（前 206—8 年）*

腹径20.6、高27.5厘米

西中环路南延 M99 出土

铜盆

▶▶ *西汉（前 206—8 年）*

腹径19.4、高10.8厘米

西中环路南延 M99 出土

大铜鉴

▶▶ 西汉（前206—8年）

口径73、高13.5厘米

西中环路南延 M99出土

铜鐎

▶▶ 西汉（前206—8年）

腹径23、高13厘米

西中环路南延 M99出土

铜灯

▶▶ 西汉（前206—8年）

底径20、高13厘米

西中环路南延 M99出土

铜熏炉

▶▶ 西汉（前206—8年）

底径18、高19.5厘米

西中环路南延 M99出土

铜灶

▶▶ 西汉（前 206—8 年）

长 40、宽 32.3、高 20.7 厘米

西中环路南延 M99 出土

铜鼎

▶▶ 西汉（前 206—8 年）

腹径20.8、高13.5厘米

西中环路南延 M99 出土

错银铜席镇

▶▶ 西汉（前 206—8 年）

长 7、宽 5.5、高 5.5 厘米

西中环路南延 M99 出土

鎏金虎噬熊铜席镇

▶▶ 西汉（前 206—8 年）

长 7.5、宽 7、高 3.5 厘米

太原铁路法院汉墓出土

四叶形铜饰件

▶▶ 西汉（前 206—8 年）

长13.5厘米

太原市文物考古研究院藏

铜銮

▶▶ 西汉（前 206—8 年）

直径6.5、高8厘米

太原市文物考古研究院藏

魏晋、北朝时期，中原板荡，夷狄交侵。晋阳踞天下之肩背，为兵家必争之地，正如清代地理学者顾祖禹所言："控带山、河，踞天下之肩背，为河东之根本，诚古今必争之地也。"东魏北齐是晋阳最为辉煌的时代，其地位十分突出，是重要的政治、经济、军事、文化中心。

魏晋、北朝是我国民族大融合的时期。特殊的地理位置，使晋阳成为南北碰撞、东西汇通的重要舞台。《北史》记载"安吐根，安息胡人……天平初，蠕蠕主使至晋阳"。沿丝绸之路远道而来的西域来客，在晋阳驻足、汇聚、发展，为晋阳大地带来诸多异域文化。

第三部分

霸府别都

第一单元

魏晋风云

从东汉建安元年（196年），曹操"挟天子以令诸侯"始，至北魏太武帝太延五年（439年）灭北凉统一北方，这二百余年，战火连绵，烽烟遍地。特别是西晋末年，趁八王乱势，十六国纷争，少数民族建立诸多政权。在这一纷繁复杂的历史舞台上，晋阳扮演着重要角色。

第一组

"西北城角"考古

2002年，在晋阳古城西北城角内侧发掘。西北城角采用版筑方法夯筑而成，夯层厚0.07-0.10米，夯窝直径0.025米。夯层下有2.5米厚的文化层，共11层，层厚0.1-0.3米。该处城墙分为主体与修补两部分。主体城墙出土绳纹瓦、豆、盘等战国、两汉时期遗物残件，外侧修补城墙则发现唐代白瓷碗底、绳纹砖等包含物。经分析，主体城墙应建于汉晋之间，修补城墙当为唐代。

考古勘探日志

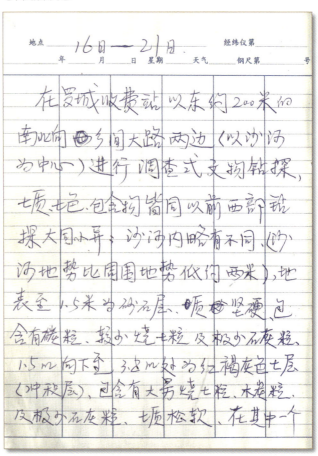

晋阳城现存西北城角

城墙夯窝

晋阳古城西北城角是2001年在配合大运高速公路建设考古勘探中发现的，为了保护此城角，高速公路进行改线设计，将原设计的罗城收费站整体向西挪移30米。

2002年经过考古发掘，揭露此内城角，并对夯土进行解剖。

西城墙夯土提取

第二组

融合与发展

　　晋阳地处河东腹地，位于草原文明向农耕文明过渡的地区，且为衔接南北的交通要道，北方少数民族的大规模内迁多经此城。这种格局，使晋阳城在魏晋时期成为各政权角逐的中心之一，也成为多民族融合的大熔炉。

　　近年来，先后在晋源区太原化学工业集团有限公司厂区、尖草坪区太钢集团21宿舍、迎泽区郦苑国际小区、山西大学东山校区、国科大太原能源材料学院等处发现多座魏晋时期墓葬。出土器物基本以陶器为主，透过随葬的陶俑、陶罐、铜镜等遗物，亦可窥视草原、农耕文明在并州大地的对峙与争斗、融合与发展。

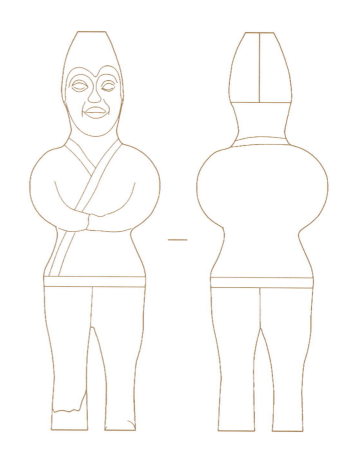

陶俑

▶▶ 西晋（266—317 年）

高 22.8 厘米

太原化学工业集团有限公司西晋墓出土

绿釉盘口壶

▶▶ 西晋（266—317 年）

腹径21、高72厘米

阳曲县城晋驿村墓地出土

陶灶

▶▶ 西晋（266—317 年）

长17.5、宽16.5、高5.6厘米

阳曲县城晋驿村墓地出土

黄釉小罐

▶▶ 西晋（266—317 年）

腹径 5、高 4 厘米
国科大太原能源材料学院西晋墓出土

黄釉小罐

▶▶ 西晋（266—317 年）

腹径 9.7、高 9.5 厘米
阳曲县城晋驿村墓地出土

陶灶

▶▶ 西晋（266—317 年）

长22.2、宽16.5、高6.8厘米

国科大太原能源材料学院西晋墓出土

第二单元

北朝晋阳

北魏时期，孝文帝迁都洛阳后，晋阳的重要地位再次凸显。进入6世纪后，这里先后成为尔朱氏、高氏重要的活动场所。尔朱荣、高欢雄踞晋阳，掌控并州精骑而争夺天下。东魏天平元年（534年），大丞相高欢拥立年仅11岁的元善见为帝，是为东魏。高欢坐镇晋阳，遥控邺城，自此"军国政务，皆归相府"，时号"霸府"。北齐天保元年（550年），高欢之子高洋以齐代魏，以晋阳为"别都"，大兴土木，营建宫殿和城池，号称"金城汤池，天府之国"，晋阳成为王朝实际的权力中心。晋阳古城出土的大量建筑构件，以及带有"大魏兴和二年造""大齐天保元年造"等纪年的空心砖即为明证。

第一组

史料记载的东魏北齐晋阳城

晋阳特殊的地理位置决定了"北齐重兵皆在并州"，同时高氏立军之本的六镇军户多在晋阳。高欢以六镇降户为基干南征北战，掌执国政，此后六镇之兵随其长期驻扎晋阳，与北齐休戚与共，北齐的军功勋贵阶层大多出于此。

晋阳在北齐政权的经营下，号称"金城汤池，天府之国"，豪华雄伟可想而知。北朝时期的砖瓦构件在晋阳古城遗址层出不穷，有绳纹砖、莲花纹瓦当、戳记文板瓦和筒瓦等。板瓦发出黝黑光泽，有的端头捏成锯齿纹或扳指纹。这些建筑构件质地细腻、体量硕大、形制规整、烧造精细，从中可以窥见晋阳城建筑的规模。

太原市晋阳古城文物钻探记录表

晋阳古城现存西城墙

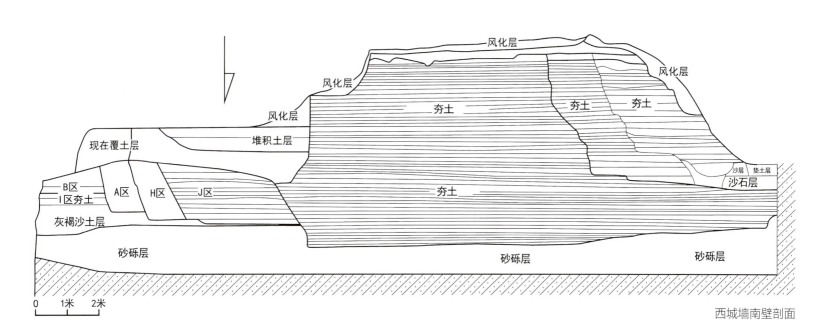

西城墙南壁剖面

第二组

两都制与尚书双省

东魏时期，高欢在晋阳掌控大军，派长子高澄入邺监控朝政，形成以邺为首都、晋阳为军事中心的"邺—晋阳"两都制。晋阳是当时实际的政治和军事中心。这种两都制的确立对东魏北齐时期的政治产生了很大的影响。

为适应"邺—晋阳"两都体制，北齐时期的中央行政机构也发生了相应的变化。位于邺城的中央尚书省称作"京省"或"邺省"，在晋阳也设有尚书省，简称"并省"。两者东西呼应，遥遥相对。

北齐帝王往来晋阳与邺城时间表

皇帝	即位		死亡		往来晋阳—邺的时间	
	时间	地点	时间	地点		
文宣帝 高洋	天保元年 （550年）	邺城	天保十年 （559年）	晋阳宫 德阳堂	天保元年	九月庚午，如晋阳拜辞山 十月己卯，入晋阳宫，朝皇太后内殿 十二月辛丑，自晋阳返邺
					天保二年	九月癸巳，经赵、定二州至晋阳
					天保三年	六月丁未，自晋阳返邺 乙卯，自邺至晋阳 十二月壬子，自晋阳返邺 戊午，自邺至晋阳
					天保四年	十一月乙未，帝至晋阳 十二月乙未，帝自晋阳北讨突厥
					天保五年	四月，自晋阳讨茹茹及周师 八月丁巳，帝幸晋阳 九月，帝乃如晋阳
					天保六年	三月丙申，自晋阳返邺 四月庚申，自邺至晋阳 五月庚寅，自晋阳返邺 六月丁卯，自邺至晋阳 九月己卯，自晋阳返邺 十月辛亥，自邺至晋阳
					天保七年	正月甲辰，自晋阳返邺 八月庚申，自邺至晋阳
					天保九年	三月丁酉，自晋阳返邺 六月乙丑，自晋阳北巡 戊寅，北巡后返晋阳 八月乙丑，自晋阳返邺 甲戌，帝如晋阳
					天保十年	九月己巳，自邺至晋阳 十月甲午，卒于晋阳宫德阳堂
废帝 高殷	天保十年 （559年）	晋阳宫 宣德殿	皇建二年 （561年）	晋阳	天保十年	十月癸卯，即皇帝位于晋阳宫宣德殿
					乾明元年	正月，自晋阳至邺

皇帝	即位		死亡		往来晋阳—邺的时间	
	时间	地点	时间	地点		
孝昭帝 高演	皇建元年 （560年）	晋阳宫 宣德殿	皇建二年 （561年）	晋阳	皇建元年	八月壬午，即皇帝位于晋阳宣德殿
					皇建二年	十一月甲辰，卒于晋阳宫
武成帝 高湛	大宁元年 （561年）	晋阳南宫	天统四年 （568年）	邺宫 乾寿堂	大宁元年	十一月癸丑，即皇帝位于晋阳南宫
					河清元年	正月乙亥，自晋阳至邺 八月癸亥，自邺至晋阳 十二月丙辰，自晋阳返邺
					河清二年	十二月戊午，自邺至晋阳
					河清三年	五月甲子，自晋阳返邺 六月壬辰，自邺至晋阳 十二月丁巳，自晋阳南讨，丙子，至邺
					河清四年	二月辛未，自邺至晋阳 四月丙子，于晋阳下诏禅位太子
后主 高纬	天统元年 （565年）	晋阳宫	建德七年 （578年）	长安	天统元年	四月丙子，即位于晋阳宫 十一月癸未，太上皇自晋阳返邺 十二月壬戌，太上皇幸晋阳 丁卯，帝自晋阳返邺
					天统二年	正月庚子，帝自邺至晋阳 二月庚戌，太上皇自晋阳返邺 八月，太上皇幸晋阳
					天统三年	正月壬辰，太上皇自晋阳幸邺 九月丁巳，太上皇自邺至晋阳 十一月癸丑，太上皇自晋阳至邺
					天统四年	四月辛巳，太上皇自邺至晋阳 五月壬戌，太上皇自晋阳至邺 十二月辛未，太上皇卒于邺
					天统五年	三月，帝行幸晋阳 四月乙丑，车驾自晋阳至邺
					武平元年	八月辛卯，行幸晋阳 十二月丁亥，车驾自晋阳至邺
					武平二年	八月己亥，自邺至晋阳 十月己亥，自晋阳返邺
					武平三年	八月癸巳，自邺至晋阳
					武平四年	二月丁巳，行幸晋阳 三月庚辰，自晋阳返邺 十月癸卯，自邺至晋阳
					武平五年	二月乙未，车驾自晋阳返邺 辛丑，行幸晋阳 丁未，车驾自晋阳返邺 八月癸卯，行幸晋阳
					武平六年	三月乙亥，自晋阳返邺 七月甲戌，自邺至晋阳
					武平七年	二月乙卯，自晋阳返邺 八月丁卯，自邺至晋阳 十二月己巳，自晋阳出逃 庚申，入邺，数日后禅位，复出逃被俘

石狮

▶▶ 北朝（439—581 年）

宽 30-40、高 65.6 厘米

晋阳古城四号遗址 出土

脊头瓦

▶▶ 北朝（439—581 年）

长 19-19.5、宽 17.1-17.2、厚 1.7 厘米

晋阳古城二号建筑基址出土

脊头瓦

▶▶ 北朝（439—581 年）

长 34-37.6、宽 27.3-29.1、厚 2.5-3.1 厘米

晋阳古城二号建筑基址出土

脊头瓦

▶▶ 北朝（439—581 年）

长33、宽26.5-28、厚2.5-3厘米

晋阳古城二号建筑基址出土

大齐天保元年造空心砖

▶▶ 北齐（550—577 年）

残长64、宽33、残高10厘米

晋源苗圃遗址出土

大齐天保元年造空心砖拓片

第三组

功勋贵胄

　　太原地区发现多处北朝纪年墓葬，重要的有北魏辛凤麟夫妇墓、义阳太守辛祥夫妇墓，北齐东安王娄睿墓、武安王徐显秀墓、武功王韩祖念墓、右卫将军贺拔昌墓、都督将军狄湛墓、大将军贺娄悦墓等。墓主大多位列宰辅三公，是北朝政权的核心人物，身份特殊、地位显赫。同时这些墓葬的发现也反映了昔日晋阳城的显赫地位。

太原地区发现的北齐墓葬分布图

徐显秀墓发掘 2000-2002年发掘北齐武安王徐显秀墓，该墓位于太原市迎泽区王家峰村。出土器物570余件，以蓝宝石金戒指、鸡首壶、辫发骑俑最具代表性。壁画是这次发掘最为重要的收获。墓葬彩绘壁画基本完整，计300平方米，气势恢宏壮观，色彩斑斓如新。如此高规格墓葬的出土，凸显了太原北齐别都的重要地位。该项目荣获"2002年度全国十大考古新发现"及"2001-2002年度国家文物局田野考古三等奖"。

徐显秀墓志

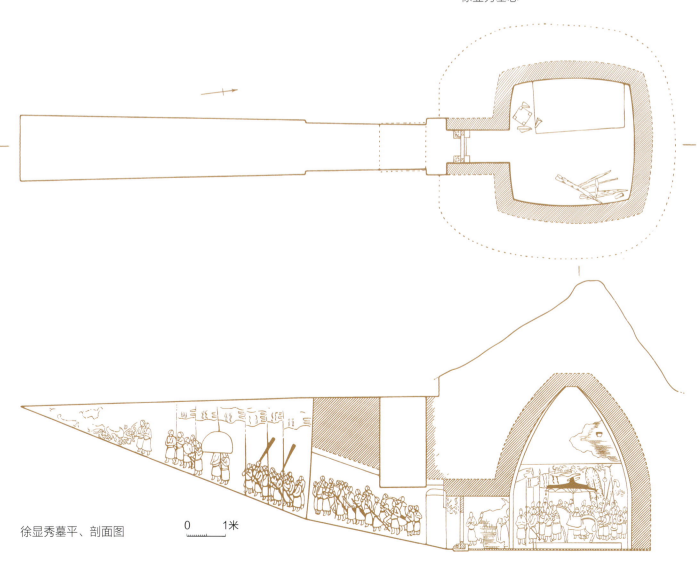

徐显秀墓平、剖面图　　0　　1米

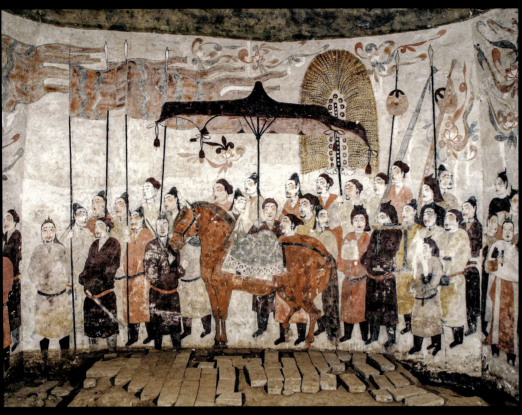

徐显秀墓西壁壁画

徐显秀墓北壁壁画

徐显秀墓北壁壁画（局部）

徐显秀墓东壁壁画

刘贵墓志

▶▶ 北齐（550—577 年）

边长 58 厘米

迎泽区岗头村出土

乔花墓志

▶▶ 北齐（550—577 年）

边长 48.5、厚 6 厘米
万柏林区神堂沟村出土

张海翼墓志

▶▶ 北齐（550—577 年）

志盖长63、宽59、厚8.5厘米
志石长63、宽60、厚8.4厘米
晋源区寺底村出土

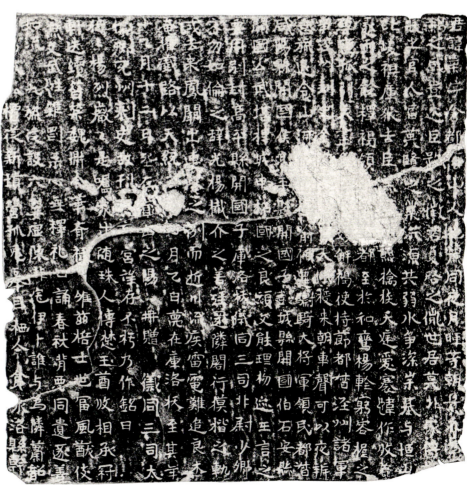

厍狄业墓志

▶▶ 北齐（550—577 年）

长55、宽56.5、厚21厘米
迎泽区南坪头村出土

第三单元
多元一体

东魏北齐时期，胡商云集，晋阳成为丝路东端重要都会。北齐徐显秀墓壁画中充盈着西域文化，虞弘墓石椁则展示了中西亚地区的宗教信仰与民俗风情，各类墓葬中出土的珠宝首饰、琉璃杯、金币、胡商骆驼俑等遗物，均成为研究东西方文明交流互鉴的珍贵资料。

与此同时，佛教在晋阳得到了长足发展。晋阳西山一带开石窟、凿大佛、建寺庙蔚然成风，直至今日龙山童子寺、天龙山石窟、蒙山大佛等依旧绽放光彩。正是这种兼收并蓄、融合汇通的开放姿态，造就了晋阳"多元一体"的文明新形态。

第一组
仓廪充实

魏晋南北朝时期，各民族涌入并州，与汉族杂居一处，促进了晋阳地区农牧业技术的交流。晋阳的经济格局产生了新的变化，呈现出多民族经济共同发展的特点。北齐时，继续推行均田制，还出现了"禁烧"、保护草原和地表植被等规定，大幅促进了农业的发展，并且盐铁业、手工业等也相当发达，晋阳呈现出物阜民丰，盈车嘉穗的盛景，成为当时的经济中心之一。

陶罐

▶▶ 魏晋十六国（220—439 年）
口径5.2、高8.8厘米
晋阳古城二号建筑基址出土

陶井

▶▶ 西晋（266—317 年）

腹径14.8、高18.5厘米

国科大太原能源材料学院西晋墓出土

陶灶

▶▶ 北齐（550—577 年）

长12.3、宽6.5、高13.5厘米

太原市文物考古研究院藏

彩绘陶方井

▶▶ 北齐（550—577 年）

长10.3、宽10、高4.9厘米

太原市文物考古研究院藏

陶磨

▶▶ 北齐（550—577 年）

径14、高10厘米
太原市文物考古研究院藏

陶磨

▶▶ 北齐（550—577 年）

径11.4、高9.5厘米
太原市文物考古研究院藏

彩绘陶鸡

►► 北齐（550—577 年）

长 11.4、宽 4.5、高 9.3 厘米
太原市文物考古研究院藏

彩绘陶鸡

►► 北齐（550—577 年）

长 11.5、宽 5.5、高 6 厘米
太原市文物考古研究院藏

彩绘陶卧狗

►► 北齐（550—577 年）

长 10.1、宽 10.6、高 4.3 厘米
万柏林区大井峪村韩祖念墓出土

彩绘陶卧羊

▶▶ 北齐（550—577 年）

长11、宽5.6、高8.6厘米
太原市文物考古研究院藏

彩绘陶卧羊

▶▶ 北齐（550—577 年）

长11.5、宽5.4、高8.7厘米
太原市文物考古研究院藏

彩绘陶卧猪

▸▸ 北齐（550—577 年）

长 19.4、宽 7.4、高 7.8 厘米

万柏林区大井峪村韩祖念墓出土

彩绘陶卧猪

▸▸ 北齐（550—577 年）

长 18.3、宽 8.7、高 3 厘米

太原市文物考古研究院藏

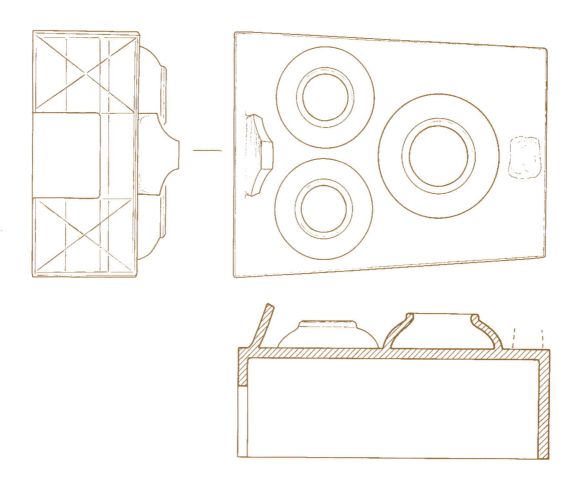

陶灶

▶▶ 西晋十六国（265—420 年）

长37.4、宽23.5-27、高16.7厘米

晋源区寺底村 M50 出土

陶牛

▶▶ 北齐（550—577 年）

高35厘米

晋源区王郭村娄睿墓出土

第二组

碰撞融合

北方少数民族在建立政权后，立足自身民族特点，积极吸纳汉人治国经验，重用汉人士族，在社会、政治、生活习俗等多方面双方均有大量的交流互鉴，久之形成文化融合。北齐政权一方面在政治经济上给予鲜卑许多特殊的照顾；另一方面也争取汉族的门阀世族参与政权，遂使鲜卑人和汉人同时作为军政支柱。同时，统治者还重视缓解各方矛盾，如高欢特意下令军中"不得欺汉儿"，为后期的民族融合奠定了基础。

辫发骑俑

▶▶ 北齐（550—577 年）

长 26、残高 30 厘米
迎泽区王家峰村徐显秀墓出土

彩绘镇墓武士俑

▶▶ 北齐（550—577 年）

高50厘米

太原市文物考古研究院藏

彩绘镇墓武士俑

▶▶ 北齐（550—577 年）

高 48.9 厘米
迎泽区南坪头村库狄业墓出土

彩绘镇墓武士俑

▶▶ 北齐（550—577 年）

高44.5厘米

太原市文物考古研究院藏

彩绘曲臂镇墓武士俑

▶▶ 北齐（550—577 年）

高 32.7 厘米

万柏林区义井村贺拔昌墓出土

高45厘米
万柏林区大井峪村韩祖念墓出土

彩绘镇墓武士俑

▶▶ 北齐（550—577 年）

高45厘米
万柏林区大井峪村韩祖念墓出土

彩绘人面镇墓兽

▶▶ 北齐（550—577 年）

长24.5、宽18、高34.6厘米
晋源区开化村墓群出土

彩绘人面镇墓兽

▶▶ 北齐（550—577 年）

长19.5、宽13、高28.5厘米
太原市文物考古研究院藏

彩绘镇墓兽

▶▶ 北齐（550—577 年）

长19、宽10、高26厘米
太原市文物考古研究院藏

镇墓兽

▶▶ 北齐（550—577 年）

长25、宽17.6、高32.5厘米
晋源区开化村墓群出土

彩绘骑马俑

▶▶ 北齐（550—577 年）

长24、宽11、高33厘米

迎泽区王家峰村徐显秀墓出土

彩绘陶马

▶▶ 北齐（550—577年）

长31、宽20、高32厘米
晋源区开化村墓群出土

彩绘陶马

▶▶ 北齐（550—577年）

长27、宽18.8、高37厘米
万柏林区大井峪村韩祖念墓出土

彩绘戴冠文吏俑

▶▶ 北齐（550—577 年）

高21厘米
太原市文物考古研究院藏

彩绘戴冠文吏俑

▶▶ 北齐（550—577 年）

高19.4厘米
太原市文物考古研究院藏

彩绘戴冠文吏俑

▶▶ 北齐（550—577 年）

高27厘米
迎泽区王家峰村徐显秀墓出土

彩绘戴无沿帽文吏俑

▶▶ 北齐（550—577 年）

高21.3厘米
太原市文物考古研究院藏

彩绘戴无沿帽文吏俑

▶▶ 北齐（550—577 年）

高20.8厘米
太原市文物考古研究院藏

彩绘戴鲜卑帽吹奏乐俑

▶▶ 北齐（550—577 年）

高21.7厘米
太原市文物考古研究院藏

彩绘戴鲜卑帽吹奏乐俑

▶▶ 北齐（550—577 年）

高22.1厘米
太原市文物考古研究院藏

彩绘戴鲜卑帽击鼓俑

▶▶ 北齐（550—577 年）

高22厘米
太原市文物考古研究院藏

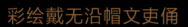

高22.3厘米
太原市文物考古研究院藏

高22.1厘米
太原市文物考古研究院藏

高25.3厘米
太原市文物考古研究院藏

彩绘戴鲜卑帽武士俑

▶▶ 北齐（550—577 年）

高22.3厘米
太原市文物考古研究院藏

彩绘戴鲜卑帽武士俑

▶▶ 北齐（550—577 年）

高22.1厘米
太原市文物考古研究院藏

彩绘戴鲜卑帽武士俑

▶▶ 北齐（550—577 年）

高25.3厘米
太原市文物考古研究院藏

北齐（550—577 年）

高 14.1 厘米
万柏林区大井峪村韩祖念墓出土

彩绘跪侍女俑

▶▶ 北齐（550—577 年）

高 12.8 厘米
太原市文物考古研究院藏

彩绘跪侍女俑

▶▶ 北齐（550—577 年）

高 14.1 厘米
万柏林区大井峪村韩祖念墓出土

彩绘甲衣武士俑

▶▶ 北齐（550—577 年）

高 24.1 厘米

万柏林区大井峪村韩祖念墓出土

彩绘甲衣武士俑

▶▶ 北齐（550—577 年）

高 21.3 厘米

太原市文物考古研究院藏

彩绘系披风甲衣武士俑

▶▶ 北齐（550—577 年）

高 22 厘米

太原市文物考古研究院藏

彩绘系披风甲衣武士俑

▶▶ 北齐（550—577 年）

高22.2厘米
太原市文物考古研究院藏

彩绘系披风武士俑

▶▶ 北齐（550—577 年）

高22厘米
太原市文物考古研究院藏

彩绘执盾俑

▶▶ 北齐（550—577 年）

高25.5厘米
迎泽区王家峰村徐显秀墓出土

彩绘双螺髻侍女俑

▶▶ 北齐（550—577 年）

高18.3厘米

太原市文物考古研究院藏

彩绘双螺髻侍女俑

▶▶ 北齐（550—577 年）

高18.2厘米

太原市文物考古研究院藏

发现虞弘墓 1999年7月，在太原市晋源区王郭村，发现了虞弘墓。这是我国第一座经过科学发掘、有准确纪年并有着完整丰富中西亚图像资料的墓葬。虞弘墓的发现，使一个淹没在历史长河中的古国，重新进入人们的视野；使人们对一个古老的宗教——琐罗亚斯德教，有了新的认识；也使我们认识到，中古时期丝绸之路对中西文明充分交流作出的贡献。虞弘墓是中国20世纪最伟大的考古发现之一，获评当年"全国十大考古新发现"，后又入选"中国20世纪百项考古大发现"。

他从鱼国来 虞弘（533—592年），字莫潘，鱼国尉纥驎城人。13岁便奉茹茹国王之命出使波斯、吐谷浑等国，20岁后由波斯出使北齐，后在北齐、北周和隋为官，在北周一度"检校萨保府"。虞弘墓的石椁四周内外或雕或绘大小图案54个，内容具体有祭祀图、宴饮图、乐舞图、射猎图、家居图、出行图等，展示了鱼国和西域的生活、民俗、信仰、歌舞、风情、艺术等，成为研究丝绸之路及入华粟特人的珍贵资料，具有重要的研究价值。

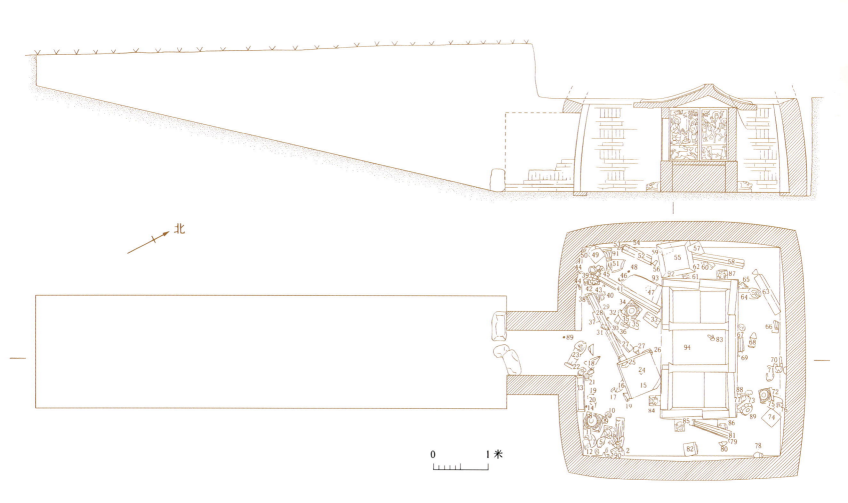

虞弘墓平、剖面及器物分布示意图

虞弘墓志 墓志记载虞弘为"鱼国尉纥驎城人"。鱼国，位置不能确指，按照石椁浮雕人物发式、服饰、习俗等推断，鱼国的地望和文化背景应该与粟特有关，当在今日中亚阿姆河、锡尔河流域及费尔干纳盆地一带。非常有意思的是，虞弘的"虞"字在墓志盖上写作"虞"，但在墓志中却写成"鱼"字，仔细观察墓志中的"鱼"字，还是由"虞"字修改而成。这说明这些随丝绸之路来到中国的"外国人"，虽希望融入中华民族大家庭，但在内心深处仍然难于忘怀远在千里之外的故国。"虞"与"鱼"在墓志中的出现，表现了民族融合的心路历程。此外墓志中还记载了虞弘一家三代人的生平事迹，透过他们的职务变迁，反映了古代民族之间的往来和交融，对研究柔然的职官、外交以及北朝的民族政策等都有重要价值。

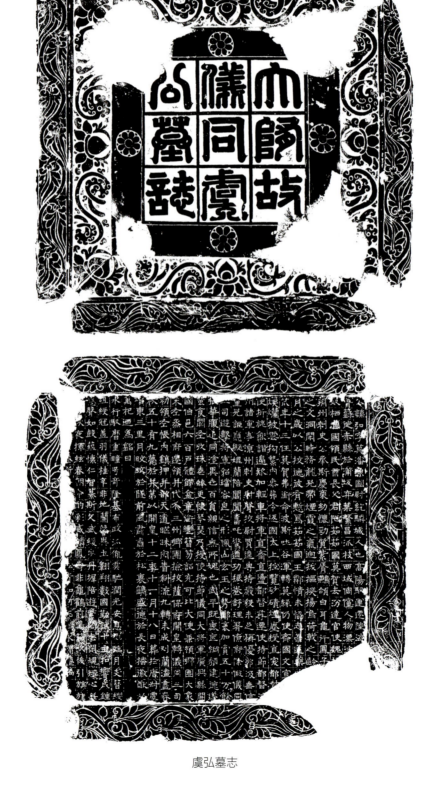

虞弘墓志

浮雕内容与墓主的关系 虞弘墓最为重要的发现是房型汉白玉石堂，石堂内外，或雕或绘精美图案54幅，局部还有描金装饰。图中人物皆深目高鼻，或留短发，或梳突厥式长发、波斯式长发。内容有宴饮、乐舞、射猎、家居、出行等，均充满异域文化色彩。特别引人注目的是石堂底座正壁的圣火祭坛图案，是典型的祆教圣火祭祀场面。祆教又称火祆教、拜火教、琐罗亚斯德教，是流行于伊朗高原的原始宗教，大约在南北朝时期传入中国，信奉者多为粟特人。按古代风俗习惯，浮雕内容应是墓主人虞弘生前生活经历和宗教信仰的写照。

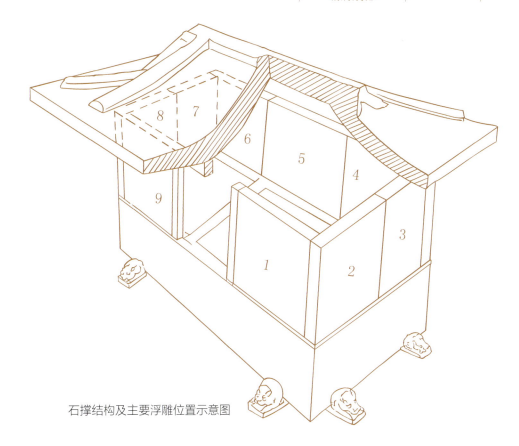

石撑结构及主要浮雕位置示意图

虞弘墓浮雕

第三组

胡风西韵

　　东魏北齐时期，时称"齐氏别都"的晋阳，为北方的中心城市，也是丝路东端重要都会。丝绸之路的畅通带来的不仅是经济贸易的繁荣，更有东西文化的交流和融合。辐辏交错，胡商云集，他们在中原的贸易活动及其带来的文化艺术，成为当时东西文化交流和互动的重要组成部分，对晋阳产生很大影响。

　　目前，太原已发现一系列北朝时期的重要文物，如蓝宝石戒指、琉璃高足杯、辫发骑俑、胡人俑以及壁画中的胡人商队，这些均反映了丝绸之路上东西贸易往来的繁荣景象，更是西域文化元素和中原文明交融并蓄最直接的体现。

骆驼俑

▶▶ 北齐（550—577 年）

长 33、宽 17.3、高 33 厘米
晋源区开化村墓群出土

载人载货骆驼俑

►► 北齐（550—577 年）

长22.2、宽19、高33.3厘米

万柏林区大井峪村韩祖念墓出土

镶嵌蓝宝石戒指

▶▶ 北齐（550—577 年）

宝石戒面长 1.4、宽 1.1 厘米

戒指长 1.9、宽 1.7 厘米

戒指环内径长 2.9、宽 2.6 厘米

迎泽区王家峰村徐显秀墓出土

琉璃高足杯

▶▶ 北齐（550—577 年）

口径 4.3、腹径 5、高 5.2 厘米

万柏林区大井峪村韩祖念墓出土

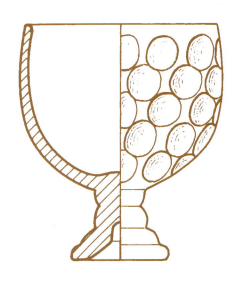

第四组

佛韵东渐

北朝时期，中国僧侣西行求法取经、西域僧人来华传教译经络绎不绝，促进了佛教的繁盛。北朝后期，晋阳战略地位提升。在统治者的支持下，晋阳西山一带开石窟、凿大佛、建寺庙蔚然成风。晋阳北齐佛教造像，受到大同云冈石窟、洛阳龙门石窟、邯郸响堂山石窟的影响，却又自成风格。

晋阳北朝佛教 东魏、北齐时期，邺城佛教发展盛况空前，晋阳作为陪都深受其影响。晋阳与邺城之间，道路通达、驿站广布，众多僧侣从邺城来到晋阳传播佛法、建立寺院、开窟造像，天龙山石窟、瓦窑村石窟、姑姑洞石窟、龙山童子寺以及蒙山大佛等均为此时开凿建造。

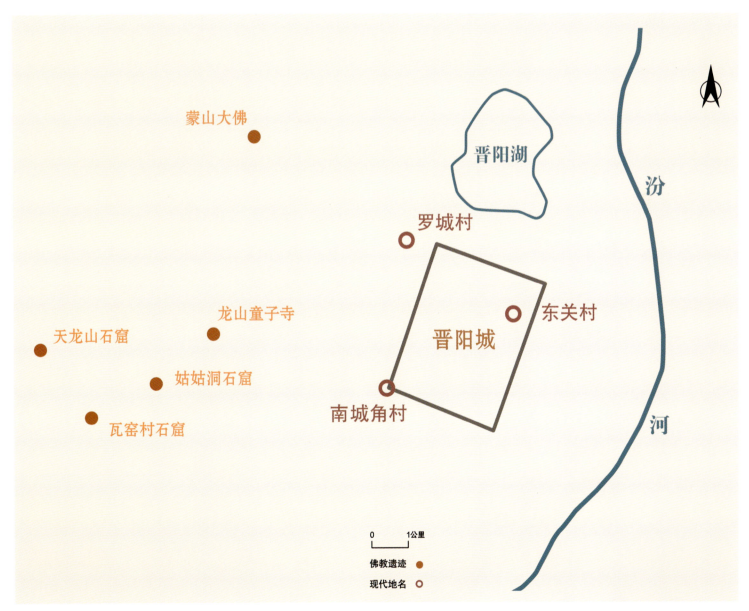

晋阳古城佛教遗迹示意图

佛教造像的"太原样式" 晋阳北齐佛
教造像明显分为两种样式：其一，面相浑圆型，与邺
城地区石窟造像一致，是受南朝萧梁张僧繇"面短而
艳"的塑画风格影响而产生的；其二，面相长圆型，
与太原出土的北齐陶俑和墓葬壁画人物相似，属太原
本地风格，被誉为"太原样式"。

菩萨立像

▶▶ 北朝（439—581 年）

座径20、高134厘米

龙山童子寺遗址出土

宽35、厚13、高36厘米
龙山童子寺遗址出土

龙山童子寺 龙山童子寺于北齐天保七年
（556年）由高僧宏礼禅师创建。相传有二童子于
此隐居修行，见山石俨如世尊，遂镌佛像，高约57
米，寺因此得名。金天辅元年（1117年），寺毁于
兵火，明嘉靖元年（1522年）重建，清代再毁。该
寺是一处集摩崖大佛、石窟和地面建筑于一体的山
地佛寺类型寺院，其北齐佛阁是目前所见中国最早
的佛阁建筑。

菩萨造像

▶▶ 北朝（439—581年）

宽35、厚13、高36厘米
龙山童子寺遗址出土

北魏佛像

▶▶ 北魏（386—534年）

长39.6、厚14、高29.8厘米
蒙山大佛佛阁遗址出土

　　蒙山大佛为北齐天保十年（559年）文宣帝高洋
始创，宋末因大火毁废。大佛位于龛内，依山而凿，
为释迦牟尼佛，坐北朝南，双手施禅定印，结跏趺
坐于仰覆莲须弥座上。佛像整体高度38米，现佛头
为2007年重装，高12.36米、宽7.6米；佛身高度
21.91米。蒙山大佛是目前世界上有确切纪年、开凿
年代最早、体态最大的巨型摩崖石刻释迦牟尼佛像。

北魏佛像背面

菩萨头像

▶▶ 北朝（439—581 年）

宽23.8、厚10、高23厘米
晋源区文化和旅游局藏

菩萨头像

▶▶ 北朝（439—581 年）

宽22、厚14、高23厘米
晋源区文化和旅游局藏

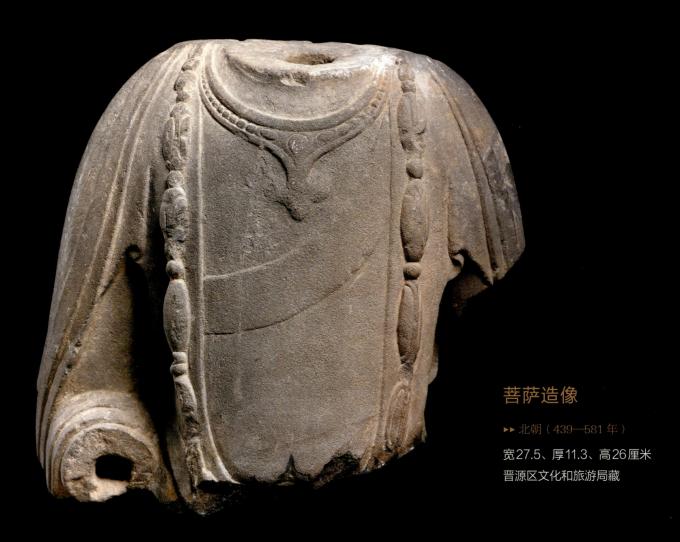

菩萨造像

▶▶ 北朝（439—581 年）

宽27.5、厚11.3、高26厘米
晋源区文化和旅游局藏

佛足

▶▶ 北朝（439—581 年）

长17、高14.5厘米
晋源区文化和旅游局藏

汉白玉石释迦牟尼立佛

►► 北齐（550—577 年）

高 134 厘米

晋源区古城营村奶牛厂出土

一佛二弟子二菩萨二弟子背屏式造像

▶▶ 北齐（550—577 年）

高 46 厘米

晋源区华塔村出土

关山环列，易守难攻的地理形势，成就了晋阳城"襟四塞之要冲，控五原之都邑"雄藩巨镇的地位，并成为李唐王朝的龙兴之地。李世民盛赞晋阳"王业所基，国之根本"，武则天置其为北都，晋阳与长安、洛阳并称盛唐三大都城。

安史之乱，李光弼在危急之时守晋阳得胜，力挽狂澜，大唐国祚得以延续。唐末五代，李存勖、石敬瑭、刘知远皆以晋阳为根基，定鼎中原；刘崇则以晋阳为都城，建立北汉。在近四个世纪的唐、五代时期，晋阳绘制了一幅幅恢宏壮丽的历史画面，把中华文明推到新的历史高度。

第四部分

盛唐北都

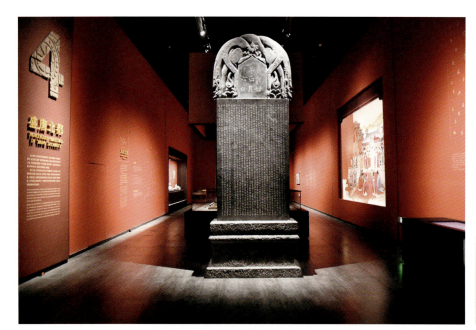

第一单元

煌煌北都

晋阳城的规模在唐代臻于极盛。贞观年间，并州长史李勣修筑东城；武则天时期，并州长史崔神庆营建"跨水联堞"的中城；晋阳城遂形成一座由"西城—中城—东城"组成、周回四十二里的雄城。

自20世纪50年代宿白、谢元璐、张颔先生先后对晋阳古城遗址开展调查以来，已基本探明唐、五代时期晋阳城西城城垣范围，并发掘一号建筑基址、二号建筑基址、三号建筑基址、晋源苗圃遗址、四号遗址等建筑遗存，沉寂千年的晋阳古城面貌已逐渐清晰。

第一组

北都晋阳

唐代是晋阳的鼎盛时期。618年，唐高祖在晋阳设并州总管府，后改为大总管府、大都督府。645年，唐太宗伐高丽还，游晋祠并御制御书《晋祠之铭并序》。654-662年，曾担任过并州大都督、晋王的唐高宗三次巡幸晋阳，礼拜童子寺，宴请当地官属父老。692年，武则天置北都；723年，唐玄宗改为北京；762年，唐肃宗再次改晋阳为北都，直至唐末。盛唐时期的晋阳与长安、洛阳并称"天王三京"。

唐玄宗《并州置北都制》 经邦创制，建都设险，必因时顺人，统物立极。我国家以神武圣德，应天受命，龙跃晋水，凤翔太原，建万代之模，为亿兆之主，犹成汤之居亳，有周之兴岐。顾朕眇身，纂承昌运，守宗社之大宝，恢中原之鸿业。叶时卜狩，始经此都，事本因心，情兼惟旧。近者嘉祥荐至，休瑞屡臻，此皆宗祐降灵，神祇潜暨，岂予匪德，独享厥休。昔尧理唐郊，式建丹陵之地，汉居洛邑，更表南阳之都。今王业正兴，宫观犹在，列于边郡，情所未安，非所以恢大圣之鸿规，展孝思之诚敬。其并州宜置北都。改州为太原府，刺史为尹。司马为少尹，太原晋阳为赤县，诸县为畿县。官吏品第，视京洛两府条理。

——《全唐文·卷二十二·玄宗三》

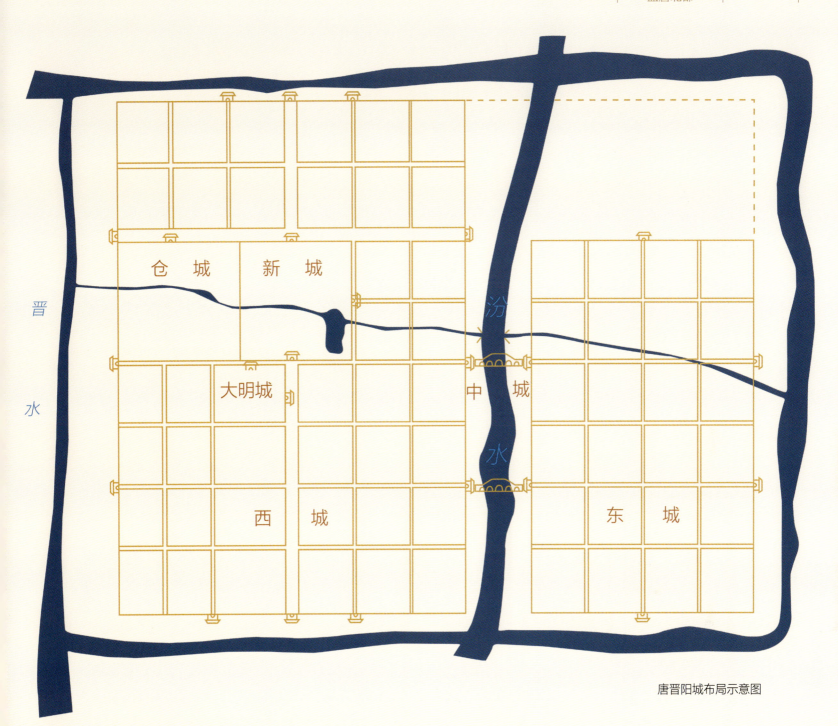

唐晋阳城布局示意图

今太原有三城，府及晋阳县在西城，太原县在东城，汾水贯中城南流。……晋阳宫西南有小城，内有殿，号大明宫。城高四丈，周回四里。又一城南面因大明城，西面连仓城，北面因州城，东魏孝静帝于此置晋阳宫，隋文帝更名新城，炀帝更置晋阳宫，城高四丈，周回七里。又一城东面连新城；西面北面因州城，开皇十六年筑，今名仓城，高四丈，周回八里。

——《元和郡县图志》

汾东曰东城，贞观十一年长史李勣筑。两城之间有中城，武后时筑，以合东城。宫南有大明城，故宫城也。

——《新唐书·志第二十九·地理三》

初，州隔汾为东、西城，（崔）神庆跨水联堞，合而一之，省防御兵数千。

——《新唐书·列传第三十四·崔神庆传》

都城，周回（四）十二里，东西十二里，南北八里二百三十二（步）。

——《晋阳记》

晋阳宫在都之西北，宫城周二千五百二十步，崇四丈八尺。都城左汾右晋，潜丘在中，长四千三百二十一步，广三千一百二十二步，周万五千一百五十三步，其崇四丈。

——《新唐书·志第二十九·地理三》

唐代晋阳城
形制规模

唐代晋阳城由"西、中、东"三城组成，东西十二里，南北八里二百三十二步，周回四十二里。

据唐《元和郡县图志》记载，西城即府城，西城内有大明城、仓城及新城等内城；中城"跨水联堞"，当是"夯土城墙—桥梁—夯土城墙"结构组成；东城，按照宿白先生"县城面积一般一里见方、州城一般周回八里"的论断，推测东城周回为四里。

城门与里坊

据明《永乐大典》引唐《晋阳记》"门二十四，盖兼东西两城言之"，可知晋阳城共开二十四门，书中同时提到十一处城门名称。但考古成果还无法确认各城门属性及位置。晋阳城城内里坊数量同样不明，综合文献与考古发掘资料，目前已知的晋阳城里坊名称有二十三个。

城内建筑

晋阳城内建筑众多。据史料记载，在西城的西北部，大明城、新城（亦称晋阳宫）与仓城三座内城呈"品"字形分布；城内亦有尚书令厅、右丞厅、节度使厅、受瑞坛、起义堂等重要建筑；西城南部多为居民区，据文献与唐代诗歌，唐代晋阳居民区有"里""坊""号""炉""市""巷"等。"里"与"坊"是古代城市的基础单元，"号"是商店的代称，"炉"则是酒店的代称，"市"为专门的买卖场所。

晋阳城在城市功能设施和环境建设上，也有自己的亮点。贞观年间，并州长史李勣因汾东地多碱卤，井水苦而难饮，于汾河架设长350、宽64尺河桥渡槽，引晋水入东城，以甘民食；同时在晋阳置常平仓，调剂丰歉。唐代宗年间，河东节度使马燧引汾水环城，植柳固堤，大大改善了晋阳城的环境。

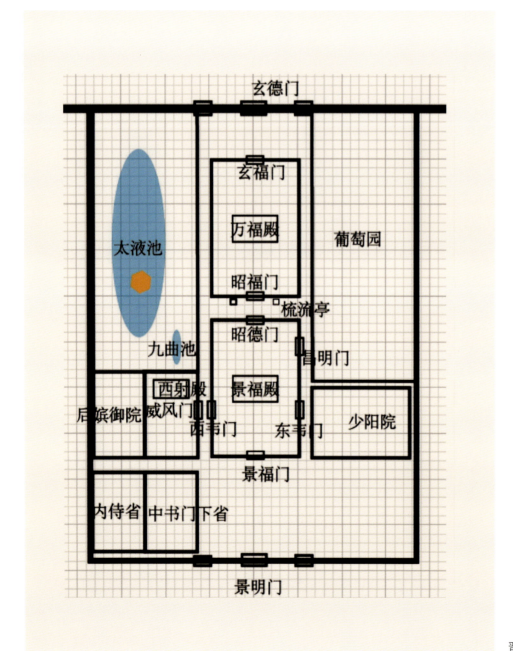

晋阳宫复原示意图

石夯

▶▶ 唐（618—907 年）

径13.9、榫径3.3、高21.7厘米
晋阳古城一号建筑基址出土

石夯

▶▶ 唐（618—907 年）

径11.3、榫径3.5、高22.2厘米
晋阳古城一号建筑基址出土

铁夯

▶▶ 唐（618—907 年）

径13.2、榫径3.8、高14.4厘米
晋阳古城一号建筑基址出土

铁夯

▶▶ 唐（618—907 年）

径13.1、榫径3.8、高16.5厘米
晋阳古城一号建筑基址出土

石臼

▶▶ 唐（618—907 年）

顶宽11、底宽14、杵孔直径6.2、高15.5厘米
晋阳古城一号建筑基址出土

石臼

▶▶ 唐（618—907 年）

顶宽15、底宽18、杵孔直径8、高26厘米
晋阳古城一号建筑基址出土

李唐誓师晋阳 隋朝末年，农民起义遍布全国，隋王朝的统治土崩瓦解。时任太原留守、唐国公李渊产生了逐鹿中原的想法，在次子李世民与部下裴寂、刘文静等人的建议下，617年6月，李渊在晋阳斩杀隋炀帝派来监视他的官员，起兵于起义堂，后数败隋军并攻克长安。618年2月，李渊在长安称帝，建国号"唐"，是为唐高祖。

《晋祠之铭并序》碑，现存于晋祠博物馆贞观宝翰亭，是现存最早的行书碑。碑青石质，通高3.9米，其中碑额高1.28、碑身高1.95、碑座高0.67米。碑额左右分别雕刻齐头下垂螭首，中间以"飞白体"书"贞观廿年正月廿六日"。碑文阴刻行书，共28行，满行50字，计1203字。碑阴题刻长孙无忌、萧瑀、李勣、张亮、李道宗、杨师道、马周随行七大臣名字，碑侧刻有宋、明、清历代名人题字。

该碑为唐太宗李世民"御制御书"。碑文歌颂晋国开宗之祖唐叔虞的丰功伟绩，并引用隋亡唐兴之事论证太宗"暴政失国、贤明肇邦"的政治理念，强调君主须有贤德之心，为政要济世惠民，这也是"贞观之治"的施政纲领。

2023年7月，《晋祠之铭并序》碑入选国家文物局印发的《第一批古代名碑名刻文物名录》。

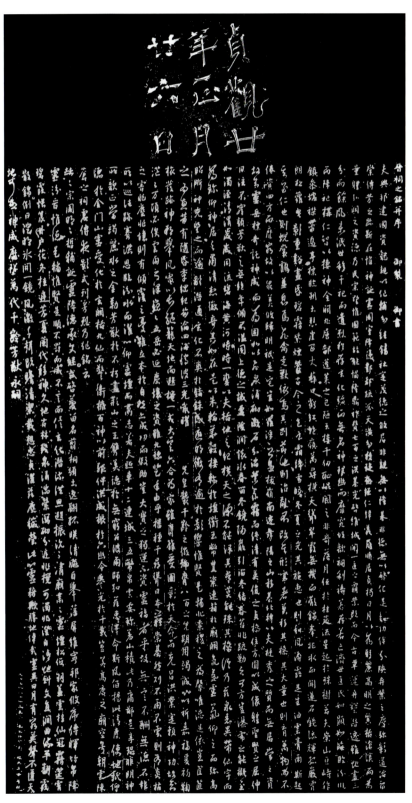

《晋祠之铭并序》碑拓片

《晋祠之铭并序》碑

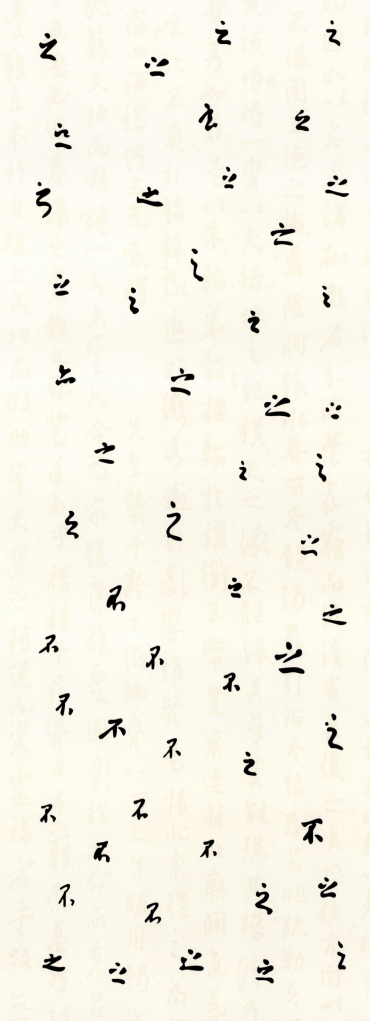

《晋祠之铭并序》碑中的「之」字与「不」字

第二组

京畿屏障

　　以晋阳为中心的并州及整个河东，是唐王朝重要的经济腹地、战略基地和京畿屏障。唐高祖正是从晋阳出发，攻克长安并一统天下。唐高祖至玄宗时期，唐与突厥之间的战争多与河东有关，晋阳则是唐前敌指挥中心。"安史之乱"期间，河东又成为唐朝和叛军反复争夺的主战场之一。作为河东节度使的驻地，晋阳是京畿长安的重要屏障、作战要地。

李光弼守太原　唐玄宗末年，爆发了著名的"安史之乱"，安史叛军连破唐代三都中的洛阳与长安，唐朝政权危在旦夕。757年，叛军首领史思明发兵十万进攻唐北都晋阳。时任河东节度使李光弼手中只有不满万人的弱卒，在兵力悬殊情况下，李光弼一面固守防御、稳定军心，一面守中有攻、奇招迭出。坚守晋阳一个多月后，李光弼抓住叛军高层内讧的有利时机，大败叛军，取得唐军在平定"安史之乱"中的第一次重大胜利。此后，李光弼以晋阳为基地，协助郭子仪收复长安、洛阳，平定叛乱，延续唐朝百年国祚。

夯土　本段夯土纯净、致密；夯窝大小、深度较为统一，排布甚是整齐，夯筑严实，充分展示了盛唐时期城墙夯筑的高超技艺。

晋阳古城西城墙夯窝

晋阳古城西城墙夯窝

晋阳古城一号建筑基址

2013-2014年，晋阳古城考古队在太原市晋源区晋源镇西街村西的晋阳古城西南城墙位置，解剖了西南城墙的一段，并发掘附近的一号建筑基址，发现一条引水渠、6座房址及27座灶址等遗迹，出土汉代至宋代初期的各种陶器、瓷器和建筑构件等上千件。

晋阳古城一号建筑基址一期建筑全景

晋阳古城一号建筑基址二期建筑全景

戗兽

▶▶ 唐（618—907 年）

长31.5、宽20、高24.5厘米
晋阳古城一号建筑基址出土

戗兽

▶▶ 唐（618—907 年）

长38、宽19、高25厘米
晋阳古城一号建筑基址出土

莲花纹方砖

▶▶ 唐（618—907 年）

长 33.4、残宽 22 厘米

晋阳古城一号建筑基址出土

三彩罐

▶▶ 唐（618—907 年）

腹径23.8、高24厘米
太原市文物考古研究院藏

三彩筒形器

▶▶ 唐（618—907 年）

器身腹径15、高21厘米；器盖直径14.4、高9.5厘米
太原市文物考古研究院藏

三彩镇墓兽

▶▶ 唐（618—907 年）

高29厘米

太原市文物考古研究院藏

三彩狮子

▶▶ 唐（618—907 年）

长22、宽18、高16厘米

晋阳古城一号建筑基址出土

晋阳古城二号建筑基址 2013-2018年，晋阳古城考古工作队对晋阳古城二号建筑基址进行全面揭露。该基址位于明太原县城北城墙以北350米处，南北长84、东西宽39.7米，包括四处殿址、五处廊庑、三处庭院、一处碑廊、一处龟头屋和一处门址。根据地层叠压关系及出土遗物，推测其营建时间不早于后唐（923年），废弃年代不晚于晋阳古城的毁弃年代（979年）。二号建筑基址是截至目前揭露面积最大、保存最为完整的晚唐、五代时期佛教寺院基址。该基址为研究这一时期寺院布局提供了实物资料，同时也对研究晋阳古城城市布局提供了"时空坐标"。

晋阳古城二号建筑基址全景

摔跤俑

▶▶ 唐（618—907 年）

高 3.2 厘米
晋阳古城二号建筑基址出土

骨刮板

▶▶ 唐（618—907 年）

长 5.7、宽 2.6 厘米

晋阳古城三号建筑基址出土

胡人奏乐玉带銙

▶▶ 唐（618—907 年）

长5.2、宽4.9厘米
晋阳古城三号建筑基址出土

唐五代瓦当　截至目前，太原地区出土唐、五代
时期莲花纹瓦当400余件、兽面纹瓦当150余件。其中：
晋阳古城一号建筑基址出土莲花纹瓦当103件、兽面纹
瓦当34件；二号建筑基址出土莲花纹瓦当34件，兽面
纹瓦当72件；三号建筑基址出土莲花纹瓦当88件、兽
面纹瓦当11件；晋源苗圃遗址出土莲花纹瓦当145件、
兽面纹瓦当26件；此外，龙山童子寺遗址、蒙山大佛佛
阁遗址亦有以上两类瓦当出土。上述莲花纹瓦当可分为5
型16式，兽面纹瓦当可分为2型9式。

莲花纹瓦当

▶▶ 唐（618—907 年）

直径14.7、厚1.5厘米
晋阳古城三号建筑基址出土

兽面纹瓦当

▶▶ 唐（618—907 年）

直径13.7-14.2、厚1.2-1.5厘米
晋阳古城一号建筑基址出土

莲花纹瓦当

莲花纹瓦当　莲花纹随佛教传入，至唐、五代时期，莲花纹这种表现形式逐渐脱离了佛教的范畴，融入日常生活之中。

　　晋阳古城遗址出土的莲花纹瓦当，是当地中古时期建筑构件之一，其形制从北朝一直延续至五代，形态传承有序、等级有别。莲花纹瓦当构图分为三层：内层象征花蕊，有莲蓬状、宝珠状、同心圆状、柿蒂状等；中层是莲瓣，可分为复瓣和单瓣，为主体纹饰；外层为附饰，有突棱纹、连珠纹等纹饰类型。

太原地区唐五代时期莲花纹瓦当分型定式

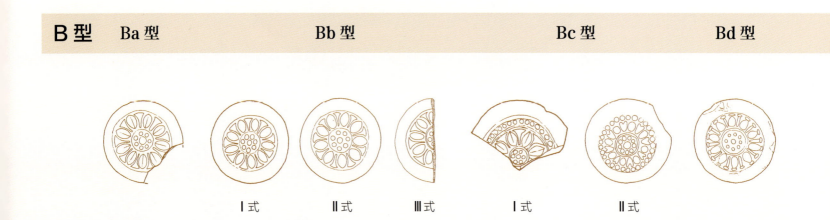

兽面纹瓦当 兽面纹源于商周青铜器上的饕餮纹，战国时期狰狞神秘风格的兽面纹瓦当、六朝建康城轻盈风格的兽面纹瓦当均享有盛名。唐、五代时期，兽面纹主要以狮子纹为主，是中原文化与外来佛教文化相互融合的典型代表，其风格上承秦汉并加以演化，具有独特的神韵。

　　晋阳古城遗址出土的兽面纹瓦当，形态各异，多数造型面目狰狞，少数造型憨态可掬。

太原地区唐五代时期兽面纹瓦当分型定式

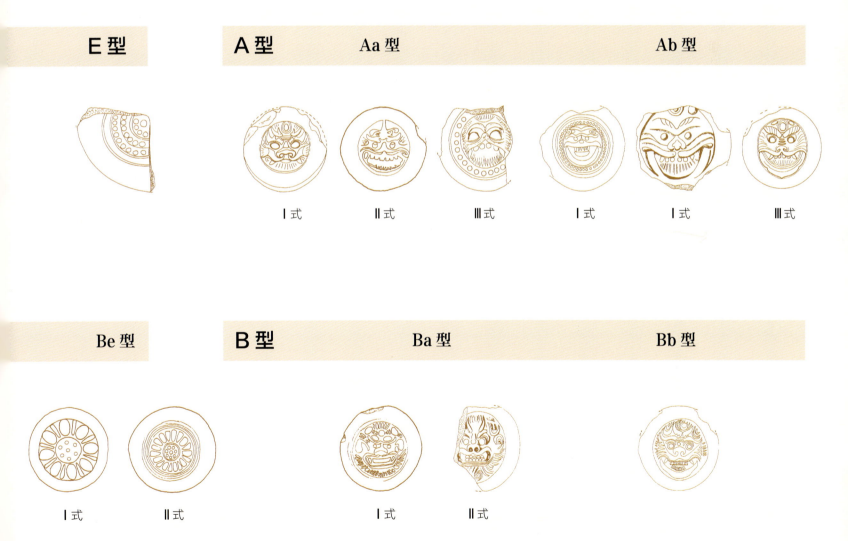

第二单元

壁上丹青

20世纪50年代起，太原已发掘唐墓数百座，这些唐墓多位于晋阳古城西侧的山前坡地。太原唐墓分为砖室墓和土洞墓两类，其中，砖室墓的形制主要为方形或弧边方形。

截至目前，太原已出土近二十座唐代壁画墓：墓室绘制影作木构、侍卫图、仆侍图、树下人物屏风画等图案，顶部多绘有四神图。其中，树下人物屏风画具有鲜明的地方特色，有学者称其为唐墓壁画的"太原模式"。

第一组

唐赫连山墓壁画

2014年，出土于太原生态工程学校，是目前太原地区发现最精美的唐墓壁画。赫连山墓中的壁画绘制于墓室四壁和棺床。墓室绘有"侍卫图""侍女图""男侍图""树下人物屏风画"等。侍卫均着杏黄色圆领窄袖长袍，手握佩剑。侍女或着黄色翻领窄袖长袍，或着白色窄袖襦，有的手捧黑色盝顶盖盒、有的拿着长柄团扇。男侍一头卷发，形似胡人，他们或拿水壶、马扎，或持鹿角杖，还有一个孩童好像在投喂小狗，画面鲜活生动。

树下人物屏风画，选取汉代至南北朝期间非常流行的忠臣、隐士、贤人、孝子等历史人物为绘画题材，其文化内涵或来源于传统儒家文化，或与道教文化相关，屏风画的构图形式则很可能来源于南朝的"竹林七贤壁画"。

唐 赫连山墓壁画（南壁）

唐 赫连山墓壁画（北壁）

唐 赫连山墓壁画（西壁）

唐 赫连山墓壁画（东壁）

唐 赫连山墓月亮图

唐 赫连山墓三足乌图

第二组

唐郭行墓壁画

　　该壁画墓位于太原市万柏林区小井峪小学，是太原地区目前发现最大的唐代壁画墓。墓主人名郭行，生于隋大业四年（608年），卒于武周圣历三年（700年），享年九十有二。

　　郭行墓顶部、四壁、甬道、棺床均绘制壁画，壁画中，有不少人物均摆出"剪刀手"的姿势，关于这个姿势的含义，目前尚无定论。

演乐图（东壁）

树下人物图（北壁）

树下人物图（北壁）

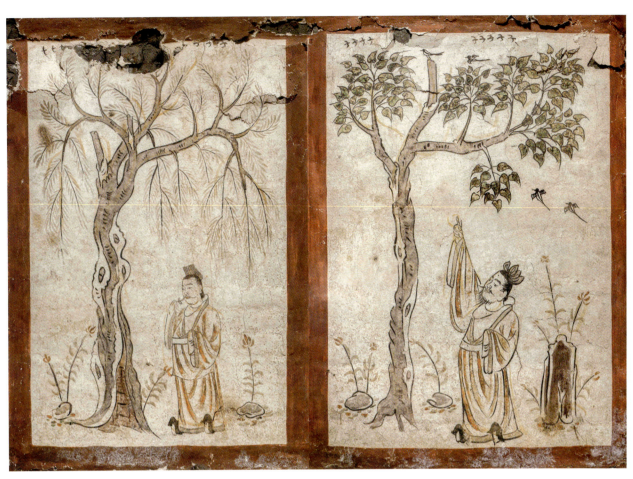

树下人物图（西壁）

男侍图

侍女图

彩绘侍女俑

▶▶ 唐（618—907 年）

高 25 厘米

西镇东西向规划路 M6 出土

彩绘侍女俑

▶▶ 唐（618—907 年）

高 26.5 厘米

西镇东西向规划路 M6 出土

彩绘侍女俑

▶▶ 唐（618—907 年）

高 27.5 厘米

西镇东西向规划路 M6 出土

彩绘侍女俑

►► 唐（618—907 年）

高 29 厘米
西镇东西向规划路 M6 出土

彩绘侍女俑

►► 唐（618—907 年）

高 29 厘米
西镇东西向规划路 M6 出土

青瓷侍女俑

▶▶ 唐（618—907 年）

高 34.5 厘米
太原第一热电厂出土

青瓷文吏俑

▶▶ 唐（618—907 年）

高 26 厘米
太原第一热电厂出土

青瓷侍女俑

▶▶ 唐（618—907 年）

高 22 厘米
太原第一热电厂出土

陶塔式罐

▶▶ 唐（618—907 年）

腹径 32.5、高 41.8 厘米

太原市文物考古研究院藏

陶塔式罐

▶▶ 唐（618—907 年）

腹径 18.6、高 39.1 厘米

太原市文物考古研究院藏

陶塔式壶

▶▶ 唐（618—907 年）

腹径 11.7、高 21.5 厘米

太原市文物考古研究院藏

鼓腹陶罐

▶▶ 唐（618—907 年）

腹径11.7、高10.5厘米
太原市文物考古研究院藏

彩绘陶塔式罐

▶▶ 唐（618—907 年）

腹径29、高48.5厘米
太原市文物考古研究院藏

黄釉双系瓷罐

▶▶ 唐（618—907 年）

腹径24、高30.5厘米
太原市文物考古研究院藏

瑞兽葡萄纹铜镜

▶▶ 唐（618—907 年）

直径10.2、厚0.7厘米
太原市文物考古研究院藏

第三单元

佛风绵远

唐、五代时期，佛教在晋阳十分盛行。知名的寺观有普照寺、崇福寺、童子寺等前代名刹，也有由官衙名宅改建的天龙寺、开元寺等寺观，还新建了奉圣寺、龙泉寺等伽蓝。成书于五代时期的敦煌遗书《诸山圣迹游记》记载"南行五百里至太原，都城周四十里，大寺一十五所，大禅十所，小院百余，僧尼二万余人"，亦是当时晋阳佛教兴盛之写照。

目前，已考古发掘：龙山童子寺遗址、天龙山圣寿寺西院佛教造像坑、蒙山大佛佛阁遗址、风峪沟遗址等，出土了一批造像、佛经残碑、经幢等遗物，从中亦可管窥北都晋阳民众的信仰与审美趣味。

第一组

华严石经

《华严石经》全称《风峪华严石经》，亦称《风峪石经》，当地俗称《风洞石经》。依据石经题记，石经刻于武周圣历三年至长安四年（700-704年）。共80卷，每卷分为卷之上、卷之下，两块石经为一卷，加上序言石刻，原刻石经应为161通，现晋祠博物馆藏有135通。石经多为高1米左右的方形刻石，也有少量五棱、六棱或八棱石柱。《石经》由吕仙乔等书家书丹，以小楷为主，兼有隶书，均具有初唐神韵。据研究，《华严石经》是唐译《八十华严》传世最古老的石刻祖本，其刻制几乎与译经同步，堪称唐代艺术瑰宝。

《华严石经》经幢

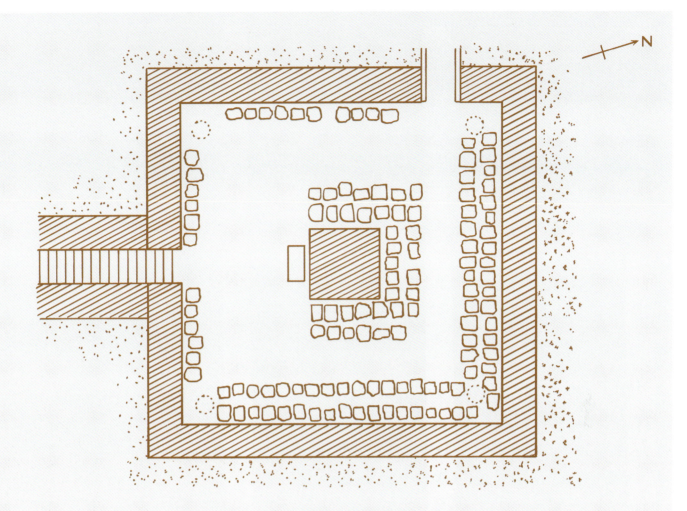

《华严石经》藏经洞平面图

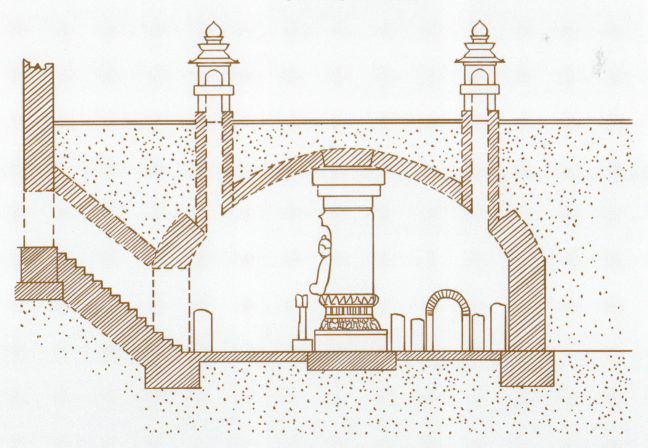

《华严石经》藏经洞剖面图

0　1　2米

第二组

太山龙泉寺塔基遗址

2008年，在太山龙泉寺发掘唐代塔基遗址。

塔基依山体而建，平面呈正方形，由条石包砌；塔基中部为石砌地宫，地宫内出土舍利宝函一套。

舍利宝函由外向内依次为石函、鎏金铜饰木椁、木胎鎏金铜椁、宝装木胎银椁、金棺。金棺内置两重丝囊，丝囊内为舍利。

太山龙泉寺唐代塔基地宫是佛塔地宫瘗埋舍利的早期实例，地宫出土的舍利宝函为研究我国唐代历史文化提供了弥足珍贵的实物资料。

太山发掘日志

太原地区已发现的武周造字

	日	月	星	天	地	载	圣	人	授	初	年	臣	国	证	正
太山龙泉寺地宫石函												恧			
华严石经	圂	㇟	而	坔		蝬	王	稄	圉	秊		圎	莑	峯	正
郭行墓志		圂	○	而	坔			王	稄	圉	秊				
龙寿墓志		卍	○	而	肃					秊					
尹恪墓志		圂		而	坔	肃		王		秊					

石函函盖

　　石函砂石质，函盖外表刻满文字，大多为供养人的名字，根据铭文中"安息大都护田扬名"及武周造字"恧"（臣），确认舍利宝函为武周时期遗物。

鎏金铜饰木椁

▶▶ 唐（618—907 年）

长 35、高 25 厘米
太山龙泉寺唐代塔基遗址出土

木胎鎏金铜椁

▶▶ 唐（618—907 年）

长 27、高 22.8 厘米
太山龙泉寺唐代塔基遗址出土

宝装木胎银椁

▶▶ 唐（618—907 年）

长 15、高 10 厘米
太山龙泉寺唐代塔基遗址出土

金棺

▶▶唐（618—907年）

长9厘米
太山龙泉寺唐代塔基遗址出土

丝囊

▶▶唐（618—907年）

长7厘米
太山龙泉寺唐代塔基遗址出土

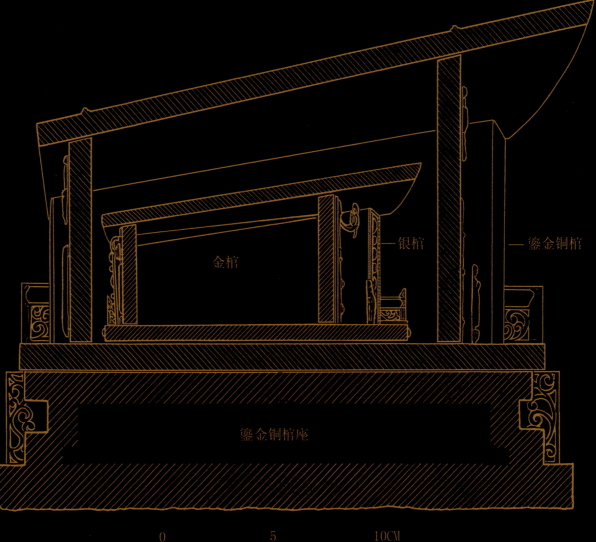

银棺

鎏金铜棺

金棺

鎏金铜棺座

0　　　　　5　　　　　10CM

五重棺椁复原图

第三组

天龙山佛教造像埋藏坑

天龙山佛教造像埋藏坑 位于圣寿寺西院，2014年发掘。出土唐宋时期石刻头像16件、石刻造像20件、铁佛头24件。其中5件具有典型西域特征的石刻头像，为研究这一时期中西文化的交流与互动提供了实物标本。

汉白玉菩萨头像

▶▶ 唐（618—907年）

残高12厘米

天龙山圣寿寺西院佛教造像埋藏坑出土

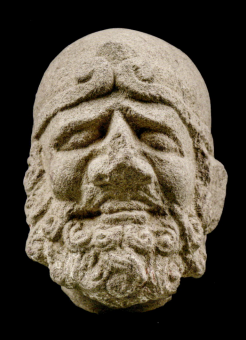

罗汉头像

▶▶ 唐（618—907年）

残高11.4厘米

天龙山圣寿寺西院佛教造像埋藏坑出土

胡人头像

▶▶ 唐（618—907 年）

残高 14 厘米
天龙山圣寿寺西院佛教造像埋藏坑出土

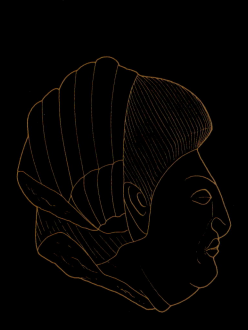

胡人像

▶▶ 唐（618—907 年）

高 55.4 厘米

天龙山圣寿寺西院佛教造像埋藏坑出土

第四组

蒙山大佛佛阁遗址

　　2015-2018年发掘。佛阁系蒙山大佛龛前及顶部的木构建筑，现已毁。

　　佛阁遗址中间部分面宽5间、进深2间；两侧部分面宽3间、进深4间或5间。遗址出土了佛像残件、建筑构件等遗物，其中，刻铭兽面纹筒瓦确定了佛阁修建准确年代，《重修大像阁价钱碑》提供了当时工程建设材料清单，对于唐代建筑史和经济史的研究有重要学术价值。

刻铭兽面筒瓦 2016年出土于蒙山大佛佛阁遗址。泥质灰陶，饰兽面纹。筒瓦内侧刻有"乾宁丙辰造阁，晋王修此功德"铭文。据此可知，该瓦当制作于唐昭宗乾宁三年（896年），文中提到的"晋王"为时任河东节度使、河东沙陀军事集团首领李克用。本瓦当为蒙山大佛佛阁的重修年代提供了年代标尺，也是山西晚唐时期瓦当的标准器之一。

刻铭兽面筒瓦

▶▶ 唐（618—907年）

面径18.4、边廓宽1.8-2.3、厚1-1.3厘米
蒙山大佛佛阁遗址出土

重修大像阁价钱碑 2016年出土于蒙山大佛佛阁遗址。石灰岩质地。碑身高100、宽84、厚35厘米；碑座高25、宽84、厚35厘米。碑文阴刻楷书，共25行，行字不等。

碑文记载了晚唐时期重建三层大佛阁所使用各种材料的名称（包括柱、枋、斗等）、数量、所用各类工匠数以及修建佛阁所花费的总资金等，甚至建阁期间盐、醋、菜、蔬的花费都有详细记录。更为重要的是，价钱碑所载建筑构件名称多与宋《营造法式》不同，此碑为我们研究唐代建筑提供了珍贵的实物资料。

保护修复后

《唐朝重修大像阁价钱碑》

共计大阁三层诸色材料瓦木钉铁人粮工价等／大枋木兼长梁共计一万二千四百六十五根条　旱枋七百二十五条　（柯）枋五千三百八条／大柱一百六十条　□一千二百二十二条／科共计一万四千四百九十七颗　榆木科大小五千二百四十二颗　松木贴料计九千二百五十五颗／贴大像金薄计五十万一千二百五十五薄正数□□□□□金□门□叶计□千□百八十片／□□□□计一十三万七千八百七十一片　计熟铁六万五千八百斤　科□（板钉）计三千四百一十七片／□铁钉线计□□□一十三万□千四百五十四（枚）　诸色巧工体工计三十五万三千四百四工／计□工价钱五万九千□□贯文巧工计十九万六千三百八十四工　小工计十五万七千一十六工／□□艺人计日支食米计五万五千二十四石□斟　白米计一万五千八百七十六石二斟／麦（面）计七千一百四十八石二斟□□盐醋菜蔬计价钱□百六十五贯文／六色并鸥鹘角兽瓦计八万九千二百五十□正数　打□□□计二万一千七百五十四斤／麻梼计三万四千八百三十四斤　秆草计五万三千一百二十三束／垒墙墼计五万三千七百□□个　石灰三千六百七十五驮　赤土计二百五十石／打钉线石炭计两千五百驮　诸作支使木炭计二万　支使界纸计七千三百斤／黄胶计五千一百斤　黄□计七十一斤十一两　白杨榑椽一千六百条／柏柞计五百七十□贴门柏□计三百九十尺　青石门砧三副　鹅台杵臼九副／苇席四十五领□□千束　料帐上面青铜镜一百三十八面／杂支资布计五十□□三丈
诸杂青绿颜色计　万二千三百贯文／
右件通前诸杂材物料人工□食都计价钱二十一万八千贯文迻后又重安龙门柱列及砌垒龙台／
□石壁并□□添展门梁等□□□□料数
□部署修大阁沙门□　部署修造孙　景晶□／□刘高祖□／□像祈雨乃□暗遂□集在　彩赤白画像并／□颎庆□僧□登　重立石

弟子像

▶▶ 唐（618—907 年）

宽14、高31厘米

龙山童子寺佛阁遗址出土

菩萨头像

▶▶ 唐（618—907 年）

宽12、高14厘米

晋祠博物馆藏

力士像

▶▶ 唐（618—907 年）

宽18、高20厘米

太原市文物考古研究院藏

菩萨头像

▶▶ 唐（618—907 年）

宽 12.5、高 18 厘米
晋祠博物馆藏

佛首

▶▶ 唐（618—907 年）

宽 23.5、高 24 厘米
晋源区文化和旅游局藏

第四单元

问鼎中原

晋阳自古就是军事重镇。安史之乱后，河东镇地位愈加显重。唐中和三年（883年），李克用成为河东节度使后，率领的沙陀军事集团也随之成为主导天下走向的最重要势力之一，在这个军事集团中，李存勖、石敬瑭、刘知远三位帝王，均以晋阳为大本营，问鼎中原。北汉则定都晋阳，与后周、北宋周旋近三十年。作为三朝"北京"与北汉都城的晋阳，浓缩了半部"五代史"。因此，史学界对晋阳又有"治世之重镇、乱世之强藩""天下未乱，晋先乱；天下已平，晋未平""国家盛则后服，衰则先叛"等评价。

第一组

英雄立马起沙陀

后唐

后唐（923—936年）由沙陀人李克用之子李存勖建立，定都洛阳并置北都于晋阳，传二世四帝，历时14年。896年河东节度使李克用在晋阳被封晋王，908年李克用去世，其子李存勖即晋王位。923年李存勖称帝，以晋阳为根基灭后梁，定都洛阳，统一北方，史称后唐。936年后唐灭亡。

后晋

后晋（936年—946年）由沙陀人石敬瑭建立，定都开封并置北京于晋阳，传二世二帝，历时11年。936年夏，太原留守、河东节度使石敬瑭于晋阳称帝，国号为晋，史称后晋。随后，石敬瑭以晋阳为根基，率军攻入洛阳并灭后唐。946年后晋覆灭。

后汉

后汉（947年—950年）由沙陀人刘知远建立，定都开封并置北京于晋阳，传二世二帝，历时4年。947年，河东节度使刘知远抓住后晋灭亡的时机，在晋阳称帝，改国号为汉，史称后汉，同年定都开封。950年后汉灭亡。

北汉

北汉（951年—979年）由沙陀人刘崇（后改名刘旻）建立，定都晋阳，历三世四帝，共28年。951年郭威灭后汉，后汉高祖刘知远之弟河东节度使、太原尹刘崇据河东十二州称帝，史称北汉，定都晋阳。979年北汉灭亡。

李存勖定鼎中原

时间	事件
911 年	李存勖自晋阳至柏乡，大败后梁军
913 年	李存勖自晋阳出兵灭燕，俘燕帝刘守光
915 年	李存勖自晋阳入魏州
916 年	李存勖夺后梁卫、慈、洺、相、邢、沧、贝等州，取河北大部
922 年	李存勖破镇州
923 年四月	李存勖称帝，建立后唐
923 年十月	后唐军自杨柳渡河，夺取后梁首都开封，后梁末帝自杀，后梁灭亡

石敬瑭进军中原

时间	事件
936 年五月	后唐末帝下诏，令河东节度使石敬瑭移镇，石敬瑭不奉诏，后唐军至晋安寨
七月	石敬瑭遣使向辽国求救
八月	后唐军围攻晋阳，不克
九月	辽太宗率军至晋阳，与石敬瑭会师，并大败后唐军
十一月	石敬瑭于晋阳称帝，建立后晋
闰十一月	晋安寨后唐军投降；石敬瑭于团柏大败后唐援军，经潞州至河阳；后唐末帝自焚，后唐灭亡

刘知远进军中原

时间	事件
947 年正月	辽太宗率军入开封，后晋出帝投降，后晋灭亡
二月	刘知远于晋阳称帝，建立后汉
五月	刘知远从晋阳南下，经阴地关至绛州
六月	刘知远至洛阳、开封

晚唐河东节度使、五代开国皇帝与晋阳城

姓名（生、卒年）	晋阳时期职位	最终职位	备注
李克用（856-908 年）	唐河东节度使、晋王	唐河东节度使、晋王	追封为后唐太祖
李存勖（885-926 年）	唐河东节度使、晋王	后唐庄宗	后唐建立者
石敬瑭（892-942 年）	后唐太原留守、河东节度使	后晋高祖	后晋建立者
刘知远（895-948 年）	后晋北京留守、河东节度使	后汉高祖	后汉建立者
刘崇（895-954 年）	后汉太原尹、北京留守、河东节度使	北汉世祖	北汉建立者

唐五代首都、陪都

朝代	首都	陪都
唐	上都长安	东都洛阳、北都晋阳
武周	神都洛阳	西都长安、北都晋阳
后唐初期	东京兴唐府	北都镇州、西京太原
后唐中晚期	东都河南府	北都太原府、西都京兆府、邺都兴唐府
后晋	东京开封府	北京太原府、西京河南府、邺都广晋府
后汉	东京开封府	北京太原府、西京河南府、邺都大名府
北汉	太原府	

燕云十六州 又称幽云十六州，是指以幽州（今北京）、云州（今大同）为中心，分布在今北京、天津、河北北部、山西北部的十六个州。936年，后唐河东节度使石敬瑭为获取契丹支持，许诺称帝后割让燕云十六州，因此契丹主耶律德光率军南下，助其改朝换代。燕云十六州地跨燕山和长城南北，是中原抵御北方强敌最重要的防线，此地易主对其后四百余年的中国历史走向产生了极为深远的影响。

燕云十六州概况

古名	后唐时（926年）所属藩镇	后唐时（926年）辖县	辽宋对峙时（1044年）所属道或路	今址
幽州	卢龙节度使	蓟县、幽都县、潞县、武清县、永清县、安次县、良乡县、昌平县、玉河县	辽国南京道	北京市区
顺州	卢龙节度使	怀柔县	辽国南京道	北京市顺义区
檀州	卢龙节度使	密云县	辽国南京道	北京市密云区
蓟州	卢龙节度使	渔阳县、三河县、玉田县	辽国南京道	天津市蓟州区
涿州	卢龙节度使	范阳县、归义县、固安县、新城县	辽国南京道	河北省涿州市
瀛州	卢龙节度使	河间县、高阳县、大城县、束城县、景城县	北宋河北路	河北省河间市
莫州	卢龙节度使	莫县、文安县、任丘县、清苑县、长丰县、唐兴县	北宋河北路	河北省任丘市北
新州	威塞军节度使	永兴县、矾山县、龙门县、怀安县	辽国西京道	河北省涿鹿县
儒州	威塞军节度使	缙山县	辽国南京道	北京市延庆区
妫州	威塞军节度使	怀戎县	辽国西京道	河北省怀来县
武州	威塞军节度使	文德县	辽国西京道	河北省张家口市宣化区
蔚州	大同节度使	兴唐县、飞狐县、灵丘县、广陵县	辽国西京道	河北省蔚县
应州	彰国军节度使	金城县、浑源县	辽国西京道	山西省应县
寰州	彰国军节度使	寰清县	辽国西京道	山西省朔州市东
朔州	振武军节度使	善阳县	辽国西京道	山西省朔州市区
云州	大同节度使	云中县	辽国西京道	山西省大同市云州区

李克用墓 1989年发掘。该墓位于山西省忻州市代县七里铺村。由墓道、墓门、甬道、墓室四个部分组成，坐北朝南。墓道长30余米，墓室外侧为仿木结构砖雕。墓门由三块约1吨重石板组成。甬道长6.7、宽2.6、高3.61米，东西两侧有"出行图""仪仗图"。墓室直径9.7、高5.56米，东、西、北三壁饰浮雕直棂窗、门以及男女侍从像。墓室中央为束腰须弥座式长方形棺木，东西长6.7、南北宽3.37米。

李克用墓志

▶▶ 五代（907—960 年）

长94、宽91.5厘米
忻州市代县李克用墓出土

北汉太惠妃墓

2009年发掘。该墓位于太原市晋源区晋祠镇青阳河村北。由墓道、甬道、前室、过道、后室组成，坐北朝南，方向180°。墓道已毁；甬道、前室皆石砌，甬道平面呈长方形，东、西两壁绘门吏图；前室平面呈圆形，直径4.16、高4.02米，顶部绘有四神图；过道宽1.35-1.51、高1.3-1.6、深3.56米，系穿凿山石而成；后室深入山体，呈不规则形状，内有一木棺。据墓志，墓主人王氏为北汉开国皇帝刘崇（旻）的妃嫔，天会十五年（971年）去世时受赠"太惠妃"封号。该墓为目前唯一一座经过科学发掘并公布资料的北汉高等级墓葬。

门吏图

▶▶ 北汉（951—979 年）

高 1.66 米

晋源区青阳河村北汉太惠妃墓出土

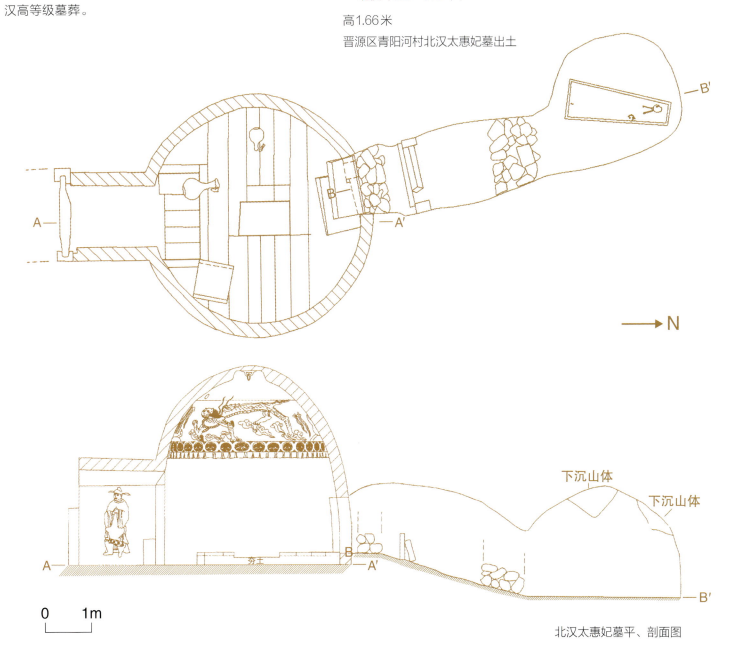

北汉太惠妃墓平、剖面图

北汉太惠妃墓志

►► 北汉（951—979 年）

边长64厘米

晋源区青阳河村北汉太惠妃墓出土

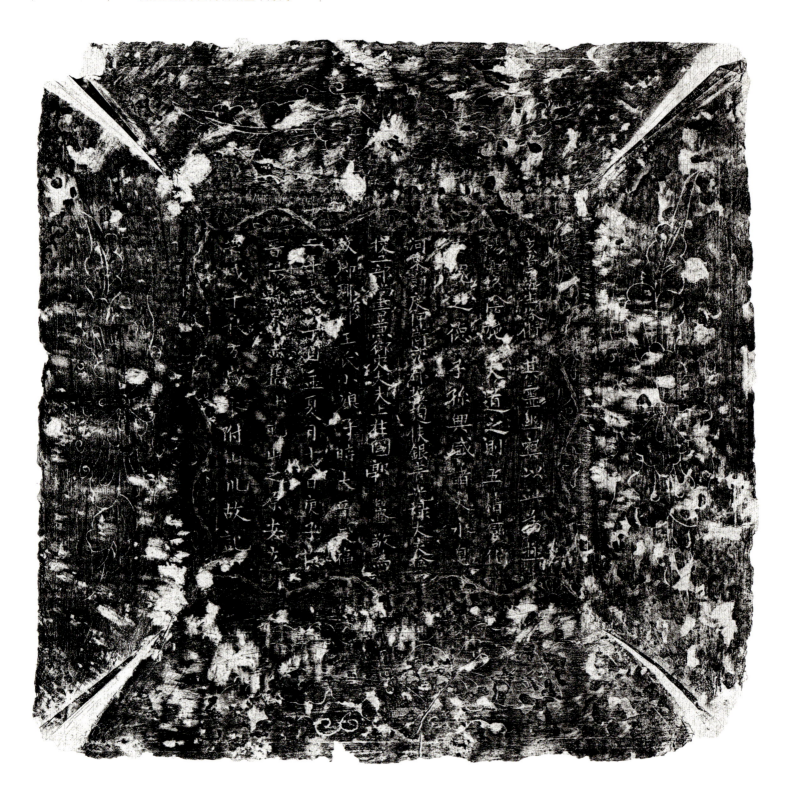

王小娘子墓志

▶▶ 五代（907—960 年）

志盖边长 39.4 厘米，厚 7.5 厘米；志石长 35.4、宽 34.2、厚 11.8 厘米

晋祠宾馆后晋王小娘子墓出土

第二组

五代时期晋阳城
出土遗物

青釉葵口瓷碗

▶▶ 五代（907—960 年）

口径14、底径5、高6.2厘米

晋阳古城一号建筑基址出土

黑釉花口瓷盘

▶▶ 五代（907—960 年）

口径12.8、底径5.2、高3.2厘米

晋阳古城一号建筑基址出土

白釉瓷罐

▶▶ 五代（907—960 年）

腹径21、高25厘米

太原市文物考古研究院藏

白瓷碗

▶▶ 五代（907—960 年）

口径12.5、高3.5厘米

晋阳古城遗址出土

白瓷碗

▶▶ 五代（907—960 年）

口径14、高3.5厘米

晋阳古城遗址出土

铜镜

▶▶ 五代（907—960 年）

直径11.6、缘厚0.8厘米

晋祠宾馆后晋王小娘子墓出土

青釉莲瓣纹葵口瓷杯

▶▶ 五代（907—960 年）

口径6.5、底径4.2、高6厘米

晋阳古城一号建筑基址出土

白瓷渣斗

▶▶ 五代（907—960 年）

口径15、高11厘米

晋阳古城遗址出土

白瓷小壶

▶▶ 五代（907—960 年）

腹径8、高7.5厘米

晋阳古城遗址出土

白瓷罐

▶▶ 五代（907—960 年）

腹径12、高7.5厘米

晋阳古城遗址出土

青釉瓷罐

▶▶ 五代（907—960 年）

腹径17、高22厘米

太原市文物考古研究院藏

彩绘陶塔

▶▶ 五代（907—960 年）

高42厘米

晋源区文化与旅游局藏

黄釉瓷罐

▶▶ 五代（907—960 年）

腹径26、高32厘米

太原市文物考古研究院藏

青釉瓷执壶

▶▶ 五代（907—960 年）

口径9、底径6.8、高17厘米

晋阳古城一号建筑基址出土

鸟首壶

▶▶ 五代（907—960 年）

高47.5厘米

太原市文物考古研究院藏

晋阳丘墟 后周广顺元年（951年），郭威称帝建立后周后，后汉河东节度使、太原尹、北京留守刘崇据河东十二州建立北汉，定都晋阳。后周显德元年（954年），世宗柴荣亲率大军，于高平大败北汉军，并乘胜围攻晋阳，受限于晋阳城坚难破，士卒疲病而无奈退兵。宋太祖赵匡胤先后于北宋开宝二年（969年）、开宝九年（976年），两度征讨北汉政权，但都无功而返。太平兴国四年（979年），在平灭南方割据势力后，宋太宗赵光义发四路大军亲征晋阳，历时数月，终于平灭北汉政权。赵光义痛恨晋阳城的坚固难攻，痛恨晋阳军民的顽强抵抗，遂下诏“火焚水灌”晋阳城，晋阳故地从此成为丘墟。

于新城遣使督之既出即命縱火丁酉以行宮為平
晉寺帝作平晉記刻寺中廢隆州隳其城庚子發太
原丁未次鎮州六月甲寅以将伐幽薊遣發京東河
北諸州軍儲赴北面行營庚申帝復自將伐契丹丙
寅次金臺頓募民為鄉導者百人丁卯次東易州刺
史劉宇以城降留兵千人守之戊辰次涿州判官劉
厚德以城降己巳次鹽溝頓民得近界馬来獻賜以
束帛庚午次幽州城南駐蹕寶光寺契丹軍城北帝
率衆擊走之壬申命節度使定國宋偓河陽崔彥進
彰信劉遇定武孟玄喆四面分兵攻城以潘美知幽

《宋史·卷四·太宗一》

衛上将軍劉鋹卒追封南越王癸巳代州言宣徽南
院使潘美敗契丹之師于鴈門殺其駙馬侍中蕭咄
李獲都指揮使李重誨閏三月丙午幸水磑因觀魚
甲寅親試禮部舉人丁巳親試諸科舉人庚午幸講
武池觀習樓船辛未甘沙州回鶻遣使以橐駞名馬
來獻夏四月癸未親試應百篇舉趙昌國賜及第壅
汾河晉祠水灌太原隳其故城是月壽州風雹宼氏
縣雨雹五月癸卯朔大霖雨辛酉命宰相祈晴六月
壬午高麗國王遣使来貢是月潁州大水徐州白溝
溢入城秋七月丁未討交州黎桓命蘭州團練使孫

《宋史·卷四·太宗一》

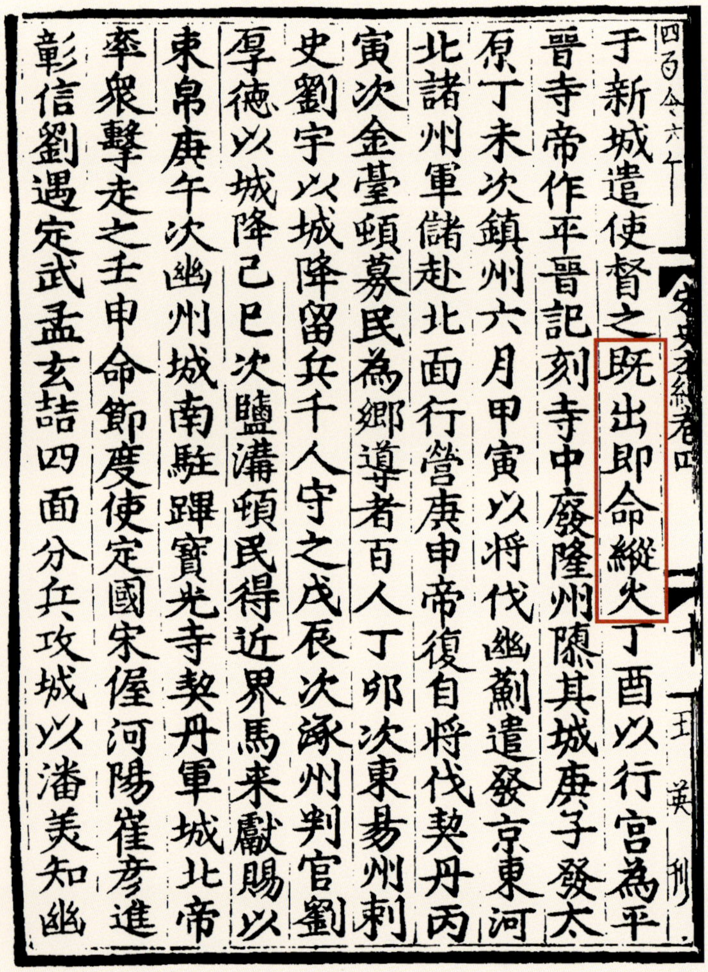

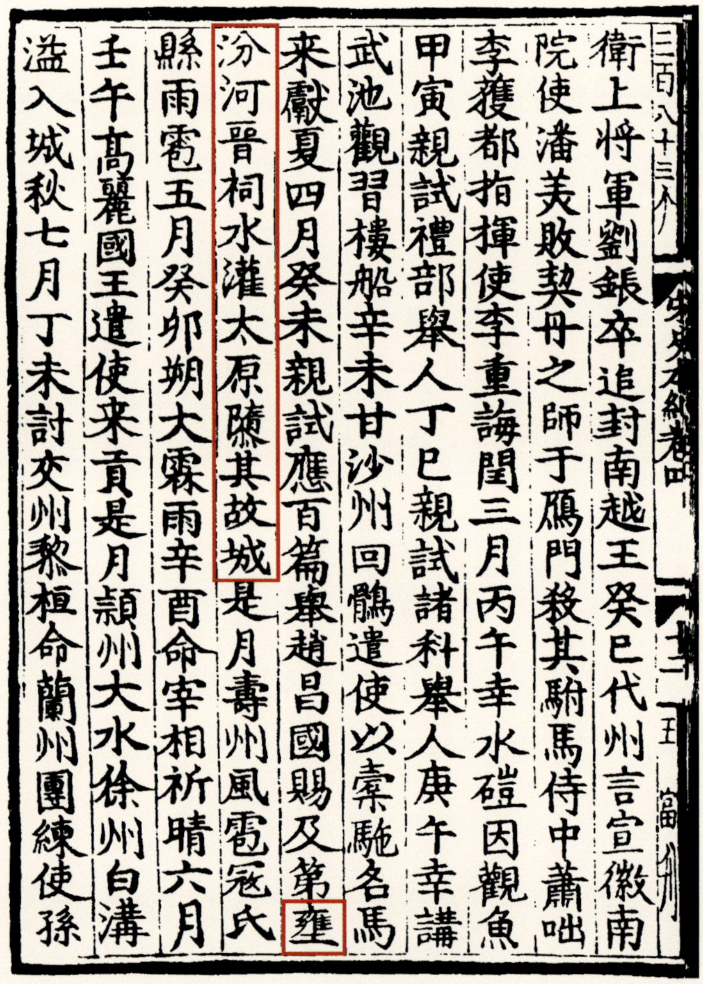

图例

▲ 墓葬　　● 发掘点

—— 河　　—— 公路

01. 太原平板玻璃厂唐宋墓群
02. 唐代张奉璋墓
03. 唐代郭行墓
04. 太原锅炉厂唐墓
05. 唐代张嘉庆墓
　　唐代张嘉宾墓
06. 寨沟隋唐墓
07. 北堰唐墓
08. 太原制药厂唐墓
09. 石庄头墓群
10. 董茹唐墓
　　唐代赵澄墓

11. 后汉尚洪迁墓
　　北汉刘珣墓
12. 唐代温神智墓
13. 唐代赫连山墓
　　唐代赫连简墓
14. 赤桥唐墓
15. 后晋王小娘子墓
16. 索村墓群
17. 北汉太惠妃墓
18. 后晋史匡翰墓
19. 后唐李存进墓

① 一号建筑基址
② 二号建筑基址
③ 三号建筑基址
④ 四号遗址
⑤ 晋阳古城瓷窑遗址
⑥ 西北城角发掘点
⑦ 西城墙第二豁口发掘点
⑧ 场堰地发掘点
⑨ 大殿台遗址发掘点
⑩ 古城营村南发掘点
⑪ 晋源苗圃发掘点

唐、五代时期晋阳城考古发现

历经沧桑的晋阳古城，如今在太原的大地上涅槃重生。这对太原而言，不仅仅是无尽的历史记忆，更重要的是文化遗产的保护与传承。一代又一代的考古文博人薪火相传、砥砺深耕，牢记使命、奋发有为，在把握时代脉搏中深耕晋阳沃土，用学术探铲将尘封的晋阳与太原连接，揭开了一页页晋阳华章。新时代新征程的考古人，更加有力地建设中国特色、中国风格、中国气派的考古学，为重现锦绣太原盛景夯实精神支撑，增强精神动力。

第五部分

锦绣太原

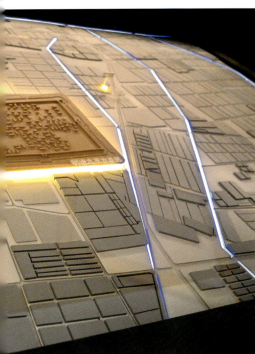

第一单元

晋阳涅槃

太平兴国四年（979年），宋太宗平灭北汉政权后，"火焚水灌"晋阳城，晋阳古城从此湮没于历史长河中。太平兴国七年（982年），宋太宗令"……徙并州治唐明镇……"，唐明镇所在的今太原市城区迎来发展机遇，并成为太原市的中心。

晋阳城故地被"火焚水灌"后长期无大规模建设，仅明洪武四年（1371年）晋王朱㭎在此短期营建晋王府，但初具规模便遭遇大风，"一夜尽颓"，遂将晋王府移建至明太原府城中。后太原县迁至此处，至明景泰元年（1450年），在晋阳古城南关之上修建周回三千七百余米太原县城城墙。

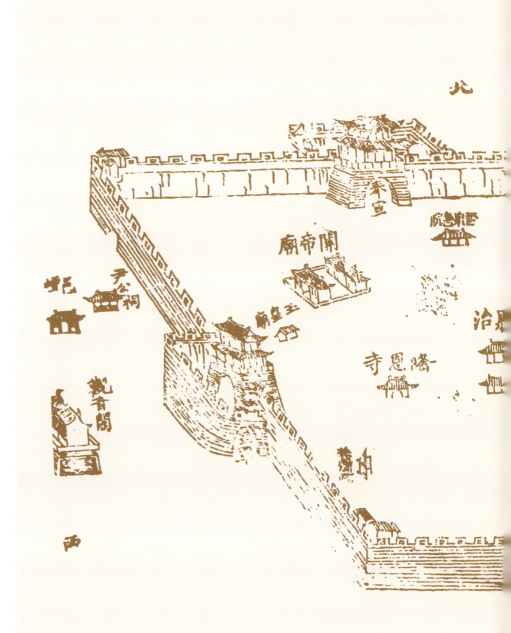

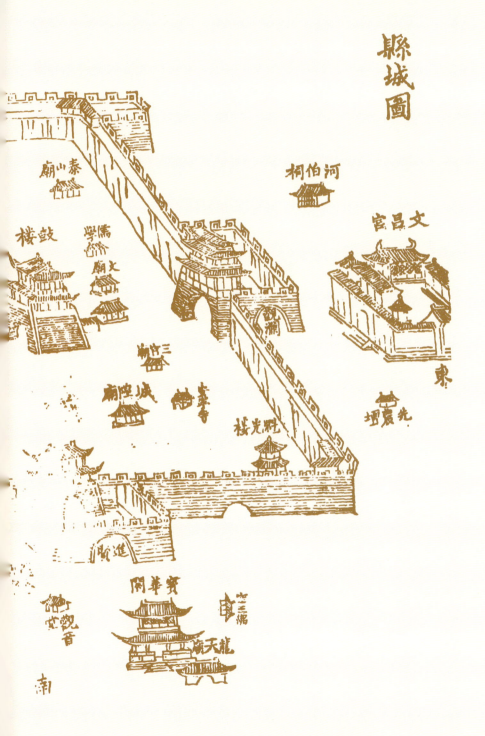

縣城圖

清·道光《太原县志》所载太原县图

明太原县城城墙考古发掘现场

第二单元

铲释晋阳

  汾水将一代雄城的繁华掩在黄土之下，令无数后人慨叹不已。明洪武八年（1375年），明太原县城虽在古城南关废墟之上兴建，但晋阳古城绝大多数的细节、传奇、故事、风采，仍在尘封之中。

  20世纪30年代，考古学家卫聚贤调查晋阳古城遗址。中华人民共和国成立后，宿白、谢元璐、张颔等考古学家开启了晋阳古城考古的新历程。之后一代代考古人承前启后、继往开来，数十年间踏遍青山、田野、村庄间的每一寸土地，借助探铲与手铲一点点去寻觅、清理、记录、阐释，掀起了晋阳古城那神秘的面纱。

晋阳古城考古大事记

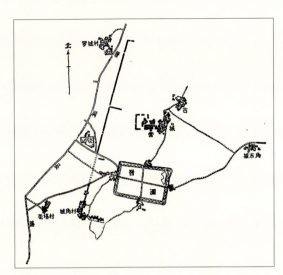

《晋阳古城勘察记》中的插图

晋阳古城遗址保护碑

徐光冀、叶学明等先生考察晋阳古城

20世纪50年代 ▶▶ 著名考古学家宿白先生根据《新唐书》等文献记载首次调查唐北都晋阳城。推测北都的里坊整体布局大概是东西六坊、南北九坊的六九之制。

20世纪60年代 ▶▶ 著名考古学家谢元璐、张颔先生调查晋阳古城。推测东周时期晋阳城城址平面呈矩形，东西长4500、南北宽2700米，方向18°。推测东周城址北侧城址为汉晋时期。调查成果《晋阳古城勘察记》在《文物》期刊发表。

2000年 ▶▶ 太原市文物考古研究所承担晋阳古城遗址考古调查工作。

2001年6月25日 ▶▶ 国务院将晋阳古城遗址公布为第五批全国重点文物保护单位。

2001年 ▶▶ 著名考古学家宿白先生再次考察晋阳古城遗址。

2001年 ▶▶ 晋阳古城遗址首次进行正式发掘。解剖西城墙及西北城角，发掘西城墙护城河。

2001年 ▶▶ 大运高速罗城收费站为保护晋阳古城西北城角迁址。

2002年9月 ▶▶ 联合国开发署将晋阳古城遗址的保护、开发和研究列为"21世纪城市规划、管理与发展"援助项目。

2004年5—10月 ▶▶ 国家文物局专家组成员徐光冀、叶学明等先生在晋阳古城遗址指导考古工作。

2006年10月25日 ▶▶ 太原市第十一届人民代表大会常务委员会第三十七次会议通过《太原市晋阳古城

《太原市晋阳古城遗址保护管理条例》立法座谈会

晋阳古城西城墙护城河考古发掘现场图

李伯谦、刘绪先生考察晋阳古城

遗址保护管理条例》，2006 年 11 月 30 日山西省第十届人民代表大会常务委员会第二十七次会议批准，自 2007 年 1 月 1 日起施行。

2006 年 12 月 ▸▸ 国家文物局、财政部将晋阳古城遗址列入"十一五"期间全国百大遗址保护总体规划项目。

2002—2006 年 ▸▸ 勘探发现晋阳古城夯土遗存 20000 余米，基本确定了唐晋阳城西城城垣四至。东西长约 4780 米，南北宽约 3750 米，面积近 20 平方公里。

2007 年 ▸▸ 建立晋阳古城遗址大地坐标系统。

2009 年 8 月 ▸▸ 国家文物局考古专家组组长黄景略等先生考察晋阳古城遗址并提出指导意见。

2005—2009 年 ▸▸ 完成晋阳古城西城墙第二豁口及护城河考古发掘工作。首次发掘确认晋阳古城东周时期城墙遗迹。

2009 年 9 月 ▸▸ 召开"晋阳古城遗址核心价值研讨会"。

2010 年 10 月 9 日 ▸▸ 国家文物局公布第一批国家考古遗址公园立项名单，晋阳古城遗址因其重要的历史地位和研究展示利用价值入选。

2011 年 3 月 28 日 ▸▸ 国家文物局审批通过《晋阳古城遗址保护规划纲要》。

2011 年 ▸▸ 山西省考古研究所、太原市文物考古研究所与晋源区文物局成立晋阳古城联合考古队。

2012 年 ▸▸ 著名考古学家李伯谦、刘绪等先生考察晋阳古城遗址，并指导晋阳古城考古工作。

《晋阳古城一号建筑基址》封面

《晋阳古城晋源苗圃考古发掘报告》封面

《晋阳古城研究》封面

《晋阳古城三号建筑基址》封面

2013—2014 年 ►► 发现并发掘一座晚唐、五代寺院遗址，编号晋阳古城一号建筑基址。主体建筑规整、附属设施齐全，这是晋阳古城遗址首次大面积揭露大型建筑基址。

2014 年 ►► 在晋源苗圃以探沟形式发掘调查，发现大量建筑基址、道路及夯土遗迹，为后来二号、三号建筑基址的发现提供了线索。

2013—2015 年 ►► 发掘罗城村"东马地"，确认晋阳古城西北城角北侧新发现的东西向夯土为汉代到北朝时期遗存。

2016 年 ►► 晋阳古城一号建筑基址考古成果发布，出版《晋阳古城一号建筑基址》。

2015—2017 年 ►► 发掘晋阳古城三号建筑基址。主要的建筑基址是北朝营建，使用至唐代中期，然后废弃。该组建筑规模较大，推测为衙署建筑。

2018 年 ►► 晋阳古城晋源苗圃考古成果发布，出版《晋阳古城晋源苗圃考古发掘报告》；晋阳古城研究成果发布，出版《晋阳古城研究》。

2015—2019 年 ►► 发掘晋阳古城二号建筑基址。确认此处原为五代时期大型寺院，出土的"隋之晋阳宫"残碑对研究晋阳古城晋阳宫的变迁具有重要价值。

2020 年 ►► 晋阳古城三号建筑基址考古成果发布，出版《晋阳古城三号建筑基址》。

2020 年 9 月 ►► 组建成立太原市文物考古研究院，下设文物考古研究所、晋阳古城研究所等。

太原市文物考古研究院考古发掘资质证书

水利设施建筑水闸

晋阳古城二号建筑基址正射影像图

2021年12月 ▸▸ 国家文物局授予太原市文物考古研究院考古发掘资质。

2021年 ▸▸ 发掘3座隋至唐代早期马蹄形瓷窑，出土大量瓷片以及窑具。该窑址是中国早期瓷窑遗址的重要发现。

2017—2021年 ▸▸ 发掘晋阳古城四号遗址。发现北朝时期的涵洞、水渠、水闸等水利设施和唐五代时期的园林景观。这是晋阳古城首次发现集水利设施与园林景观为一体的文物遗存。

2023年6—9月 ▸▸ 完成晋阳古城城池遗址区高清数字正射影像图（DOM）和数字高程模型（DEM）的制作。

2023年1月 ▸▸ 国家文物局审批通过《晋阳古城遗址保护规划》，山西省人民政府公布实施。

2023年5月6日 ▸▸ 太原市文物局专题研究讨论晋阳古城国家考古遗址公园和晋阳古城考古博物馆建设工作。

2023年6月13日 ▸▸ 山西省委常委、太原市委书记丰韬考察调研晋阳古城遗址时指出，要坚持把保护放在第一位，以对历史负责、对人民负责的精神做好古城遗址保护利用和研究展示，积极推进国家考古遗址公园建设，做到在保护中发展，在发展中保护。

2023年6月21日 ▸▸ 太原市委召开书记专题会议，听取晋阳古城考古博物馆及遗址公园建设初步设计，全面启动两项建设。会议强调：做好晋阳古城遗址保护利用展示对于太原城市高质量发展来说意义深远；需统筹规划、整体设计，并遴选国内一流团队付诸实施；要求完善建设内容，加快项目推进，强化各项保障。

晋阳古城考古博物馆

2023 年 6 月 25 日 ▶▶ 太原市文物局成立晋阳古城国家考古遗址公园和晋阳古城考古博物馆建设工作组。

2023 年 7 月 14 日 ▶▶ 太原市人民政府建立晋阳古城国家考古遗址公园和晋阳古城考古博物馆工作专班，推进建设工作。

2023 年 8 月 30 日 ▶▶ 太原市委召开书记专题会议听取晋阳古城考古博物馆陈展方案。会议指出，建设晋阳古城考古博物馆是我市深入贯彻习近平总书记关于文物保护利用和文化遗产保护传承重要指示的重大举措，是贯彻落实党中央全面提升文物保护利用和文化遗产保护传承工作要求的重要项目，是市委市政府明确的重点工程。

2023 年 11 月 29 日 ▶▶ 中共太原市委十二届五次全体会议强调：加强文物保护利用传承，加快晋阳古城考古博物馆、国家考古遗址公园建设。

晋阳古城考古博物馆计划于 2024 年 1 月 19 日开放试运行。

晋阳古城国家考古
遗址公园规划图

第三单元

盛景再现

　　唐风晋韵地，锦绣太原城。在这片热土之上，元好问雁丘问情，罗贯中写尽英雄，阎若璩去伪存真，傅青主风骨高绝。名家辈出，文脉流转；高城飞阁，陡绝丹梯。四塞西开秦道路，百盘中吐晋河山。壮丽之城，续写千载风流；揽尽繁华，因得锦绣之名。

　　两山凝翠藏百代，一水含碧润千年。作为太原文化之源、乡愁之源、盛景之源，晋阳城在科技化、数字化、信息化的文物考古与保护基础上破茧成蝶，赓续生生不息的文脉，承继坚韧不拔的精神。山水焕颜，沧桑巨变；重振雄风，再展锦绣。

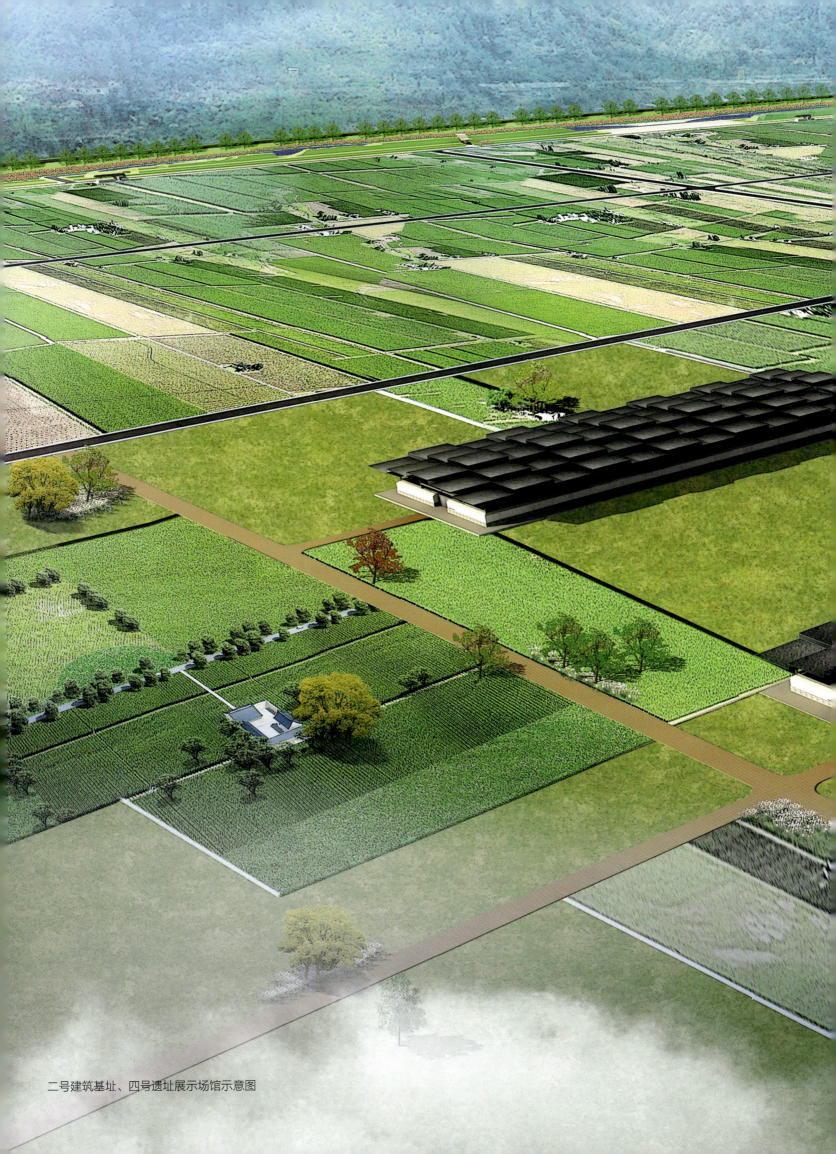

二号建筑基址、四号遗址展示场馆示意图

晋阳古城考古遗址公园全景示意图

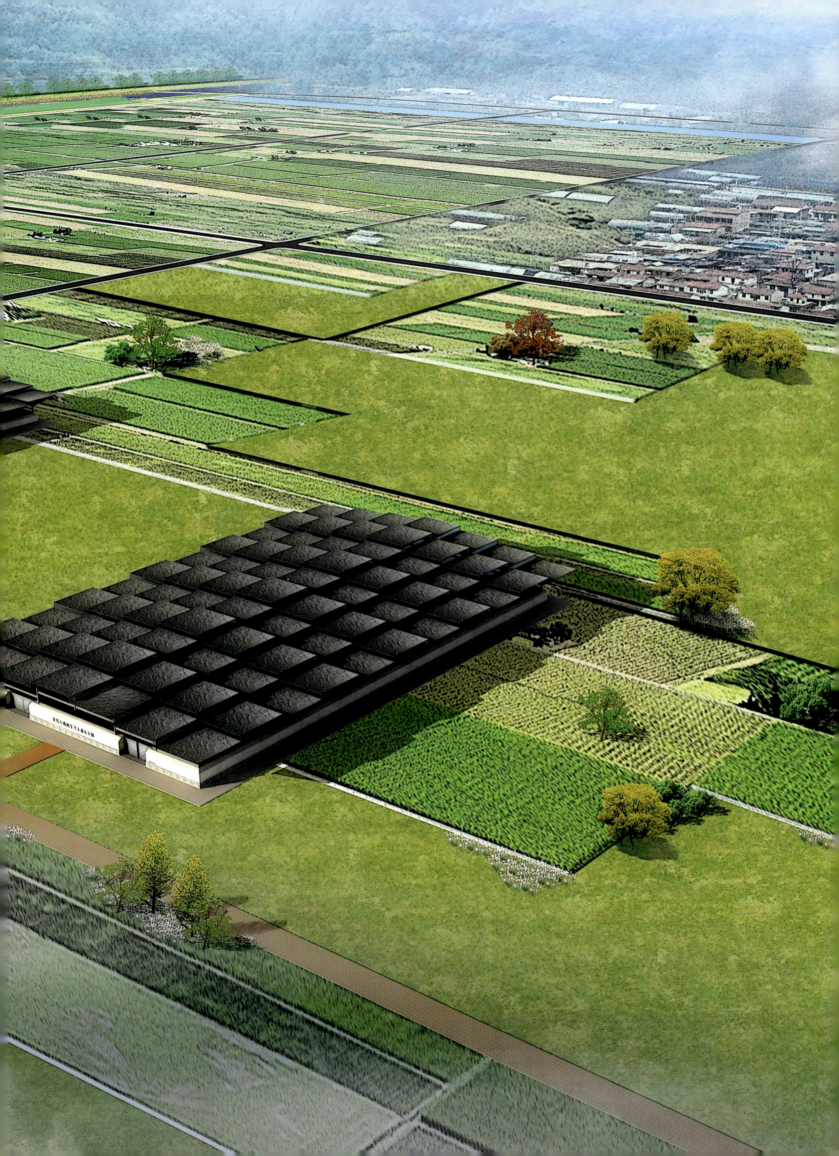

后 记

　　习近平总书记提出，要建设中国特色、中国风格、中国气派的考古学，加强考古工作和历史研究，让收藏在博物馆里的文物、陈列在广阔大地上的遗产、书写在古籍里的文字都活起来，丰富全社会历史文化滋养。

　　为了落实习近平新时代文化思想和考察山西重要讲话、重要指示精神，完整准确全面贯彻新发展理念，推动太原文物事业高质量发展，2023 年，太原市委市政府站在文化兴市、文化强市的高度，强势启动了晋阳古城国家考古遗址公园与考古博物馆的建设。

　　国家文物局高度重视晋阳古城遗址的保护、发掘、展示工作，将晋阳古城遗址公布为全国重点文物保护单位，列入第一批国家考古遗址公园立项名单。在国家、省、市文物局的指导下，自 2000 年起，我们对晋阳古城遗址开展了大规模地考古调查。经过一代代考古人驰而不息的努力，我们对晋阳古城遗址的理解，已由 20 世纪 60 年代的一张草图逐步扩展：找到了一座基本完整的西城城圈，找到了内城部分城墙和若干坊墙夯土，对晋阳古城的布局、结构有了深刻的理解；在对现存西城墙墙体、大殿台遗址和小殿台遗址考古发掘过程中，发现了春秋、汉晋、北朝、唐五代等不同时期夯土遗存，发掘并展示了晋阳古城二号建筑基址、四号遗址、瓷窑遗址等遗存，晋阳城的核心价值得到了更为准确的诠释。

　　晋阳城在北宋初年成为历史绝唱，火焚水灌后的晋阳城虽然政治地位有所下降，但是，失之桑榆、收之东隅，丘墟的晋阳古城遗址成为一处可以完整展示唐代都城布局的大型文化遗址，晋阳古城遗址也成为彰显中华文明、提升文化自信、增强民族认同感和社会凝聚力的精神源泉。

　　晋阳城北宋初年瞬间毁灭后，古城遗址遭到废弃、历经数百年而较少被后世建设破坏。使得遗址内保存有不同类型、功能各异的建筑基址、道路、引水渠等遗迹；埋藏有大量具有较高历史、艺术和科研价值，数量庞大、造型精美、具有典型时代特征的建筑构件、生活器物、碑刻、造像等文物精品。

　　晋阳古城遗址可以为研究中国古代城市发展史、社会学、艺术学等学科提供取之不尽的实物资料，是研究中古时期、中华文明发展史、中外文明交流史的文化宝库。太原市委、市政府通过挖掘城市文化底蕴、开展遗址原址展示、加强考古现场体验、调整园林绿化布局等方式，建设集考古研究、遗址保护、文化宣传、生态观光为一体的国家级现代化大遗址公园，不仅是挖掘阐释晋阳文化、研究太原历史文脉，更是为太原人民坚定文化自信、历史自觉，享受高品质文化生活提供有力支撑。

　　晋阳古城国家考古遗址公园规划面积 20 平方公里，拟按照"整体规划、分段实施、以点带面、重在阐释"的工作思路分步推进，晋阳古城国家考古遗址公园第一期建设项目将于 2024 年年底完成并对公众开放。而作为国家考古遗址公园重要组成部分的考古博物馆将于 2024 年 1

月率先开放。配合晋阳古城考古博物馆开馆运营、进行宣传推介系列工作之一《初都 别都 北都——晋阳古城考古博物馆基本陈列》一书也画上了圆满句号。

"志之所趋,无远弗届,穷山距海,不能限也"。在太原市委市政府高位推动下,太原文博人一马当先、勇挑重担、专班推进,迅速完成了考古遗址公园规划设计方案、考古博物馆展陈大纲和形式设计,随即组织实施并顺利完成各项工作,实现了晋阳古城考古博物馆的成功开放。这不仅是提升太原市文化底蕴、展示太原文化自信的重要平台,更是全面贯彻落实习近平总书记关于文物工作重要论述精神和考察调研山西重要讲话、重要指示精神,推动文物事业高质量发展,"让文物活起来"的重要举措。将为我市健全科技赋能、生态治理、文旅融合和红色教育、国情教育工作矩阵,持续打造经典、智慧、群众、红色四类博物馆,不断深化国内外交流合作,扩大太原文博朋友圈,讲好晋阳、三晋乃至中国故事,打造极具文化特色的"博物馆之城",让人民群众充分享受文物保护利用和文化遗产保护传承成果,全面推动太原文物事业高质量发展再添新功。

在晋阳古城国家考古遗址公园和考古博物馆的建设期间,太原市委市政府领导和有关部门负责人数次召开专题会、到建设现场调研,解决博物馆建设中遇到的各种问题;山西博物院、山西省考古研究院、山西省古建筑与彩塑壁画保护研究院、晋源区文化和旅游局、代县博物馆等单位给予我们大力支持,提供了展陈工作所需要的数据信息、图片及展陈文物;中国博协的刘曙光理事长、杨志刚理事、龚良理事、石金鸣理事,山西大学王炜林教授等参与展陈方案的论证并提出许多建设性的建议。对此,我们向所有关心、支持考古博物馆建设的领导、同仁们,表示衷心的感谢!

《初都 别都 北都——晋阳古城考古博物馆基本陈列》全书分为"肇建晋阳""名都并州""霸府别都""盛唐北都""锦绣太原"五个部分,太原市文物局和太原市文物考古研究院相关人员字斟句酌,完成了书稿的撰写和审阅。第一部分主要由冀瑞宝、丁志姣等执笔,第二部分主要由彭娟英、姬凌飞等执笔,第三部分主要由裴静蓉、龙真和刘伟伟等执笔,第四部分主要由冯钢、王鑫等执笔,第五部分主要由檀志慧、杨淼燃、陈阳等执笔;王鑫、史辰宇、刘婧奕、申如梦负责图片资料的搜集、文物信息编写等工作,陈雅彬、冀美俊、冯钢负责文字统稿、书稿装帧的统一,常一民负责书籍的最终审核,可以说本书是太原市文物局集体智慧的结晶。

此外,由于时间较为仓促,本书的编写与展陈大纲同步进行,书稿的内容数次增删。对此,我们向所有参与书籍编写的同仁们,致以深深的敬意!

由于本书参与人员较多,时间紧张,且还要兼顾考古博物馆的建设、展陈及日常考古工作,书中难免有错误和不当之处,敬请大家批评指正!